KAWADE
夢文庫

戦と乱から日本史を読むと面白い

古代から幕末までの、この46の「戦い」は
歴史をどう変えたのか?

歴史の謎を探る会［編］

河出書房新社

時代の転機になった あの「戦と乱」は、どんな戦いだったか――まえがき

歴史が大きく動くときは、好むと好まざるとにかかわらず、乱世になる。戦いがはじまり、世の中は乱れる。

日本史でいえば、「日本」という国家が確立する時代に壬申《じんしん》の乱が起き、武家社会が生まれる前には親子二代にわたる源平《げんぺい》合戦があった。そして、近世が成立する前には戦国時代、近代を迎える前には幕末の争乱によって、世の中は乱れに乱れた。歴史の変わるところにかならず「戦と乱」があり、また「戦と乱」はかならず歴史を変えてきたのである。

そこで、本書では、日本史を理解するうえで欠かすことのできない四六の「戦と乱」を取りあげ、「なぜ戦うことになったのか？」「戦いはどのように進行したのか？」の二点に焦点を当てて紹介した。

私たちが生きている二一世紀初頭もまた、さまざまな秩序《ちつじょ》がくずれゆく乱世といえる。わが国では、武器を手にした戦いこそなくなったものの、世界には依然《いぜん》、砲《ほう》声轟《せいとどろ》く地域が少なくない。人間はなぜ戦うのか、歴史はどう変わるのか――過去を知り、現代を読むために、本書を役立てていただきたい。

歴史の謎を探る会

戦と乱から日本史を読むと面白い＊目次

◉一章——国家平定の戦いを経て動乱が始まる！

日本の誕生から清和源氏、桓武平氏の台頭へ

◉二章——諸国を駆けめぐった源平争乱！

平家打倒から武家政権の樹立へ

◉三章——幕府と朝廷の驚くべきゲリラ戦！

鎌倉武士の登場から室町幕府の失墜へ

◉四章 群雄割拠する戦国乱世の攻防！

◉五章――天下盗りを賭けた壮絶な死闘！

驚異の城攻めから近代戦の幕開けへ

◉六章――天下人の座をめぐる猛攻！

信長の挫折から秀吉の天下統一へ

カバー装画＊『菊池武光』神宮徴古館蔵
本文イラスト＊所ゆきよし
地図作成＊新井トレス研究所
協力＊オフィスGEN

◉一章

国家平定の戦いを経て動乱が始まる！

日本の誕生から清和源氏、桓武平氏の台頭へ

白村江の戦い

●663（天智2）年

倭国・百済VS唐・新羅
「日本」を産み落とした、異国の地での敗戦

●朝鮮半島の動乱に巻き込まれる倭

七世紀、朝鮮半島の西側を流れる川、錦江《クムガン》（白江）の河口で、日本の古代史上最大の海戦がくりひろげられた。「白村江《はくそんこう》」（「はくすきのえ」ともいう）と呼ばれる地で、当時「倭《わ》」といわれた日本の水軍が大敗を喫《きっ》したのだ。だが、この倭軍の敗退は、「日本」という国家を産み落とすきっかけになったといえる。

当時、東アジアは大動乱の時代にあった。中国に生まれたひさびさの本格的な統一王朝・唐が東アジア一円に勢力を拡大するなか、朝鮮半島では新羅《しらぎ》・百済《くだら》・高句麗《こうくり》に分かれて争っていた。日本列島は「倭」と呼ばれていたが、まだ統一国家の意識は低かった。

そんななか、倭は朝鮮半島の混乱に巻き込まれていく。六六〇年（斉明《さいめい》六）、百済

は唐・新羅の連合軍に都を占領され、義慈王《ぎじおう》は唐の都・長安に連行される。すると、当時の倭は百済と関係が深かったため、百済復興に向けての救援を決定する。このときの最高実力者は、中大兄皇子《なかのおおえのおうじ》（後の天智天皇《てんじ》）だったとみられる。

百済の義慈王の王子・豊璋《ほうしょう》は、事実上の人質として日本にいたが、六六二年（天智元）、倭の朝廷は豊璋を百済王として送還し、五〇〇〇の兵を百済に送った。

豊璋は百済周留城《する》に入り、同じく百済復興をめざす百済の遺臣《いしん》・鬼室福信《きしつふくしん》に迎えられた。福信は優秀な武将であり、その後、彼の指揮のもと、遺臣団らが各地で強力に抵抗し、唐・新羅連合軍は手を焼くことになった。

ところが、しだいに豊璋と福信が反目《はんもく》しはじめ、豊璋は福信を殺害してしまう。福信殺害の報を聞いた唐・新羅連合軍は、好機ととらえ、翌年八月に周留城を包囲した。周留城の危機にあって、倭の朝廷はいよいよ水軍を送り込み、直接介入にのりだすことになったのだ。

●寄せ集めの倭の水軍は、唐の水軍に完敗

当初、唐・新羅連合軍は、倭の水軍は孤立した周留城救援に向かうだろうと予測していた。周留城は錦江の下流にあり、河口から少しさかのぼれば到着できる。そこで、水軍一七〇隻《せき》をもって錦江河口、白村江を封鎖し、倭の水軍を迎え撃《う》とうとしたのだ。

一方、白村江にあらわれた倭の水軍は四〇〇艘《そう》。数の上では倭が優勢だったが、唐水軍の船が戦艦といってもいい大きさだったのに比べ、倭の船は小船であり、性能面でも倭の水軍は明らかに劣っていた。

倭水軍の登場に、周留城の豊璋は饗応《きようおう》にいくとの名目で倭の水軍に向かい、城から姿を消した。この〝敵前逃亡〟によって、周留城の士気は一気に落ちた。

豊璋を迎えた水軍は、八月二七日に唐の水軍に挑《いど》み、敗北した。ただし、この日はまだ小手試《こてだめ》し程度の戦闘がおこなわれただけで、被害はさほどでもなかった。

翌二八日、倭の諸将と豊璋は軍議を開き、唐水軍に対する正面突破を決める。正面から押せば、唐水軍は退却するというもくろみだったが、それしか策《さく》がなかったともいえる。倭の水軍は寄せ集めのうえ、大将となるべき人材もいなかった。船同士の連携《れんけい》がとれていないため、単純な力押しによる突撃作戦しかなかったのだ。

倭の水軍の正面突破に対し、唐の水軍は左右に分かれた。倭の水軍を通すと見せかけ、左右から火矢を射かけて攻撃。倭の船は次々と炎上し、海に飛び込んだ兵は溺死《できし》していった。倭の船は、退却することもできず、次々と炎上した。

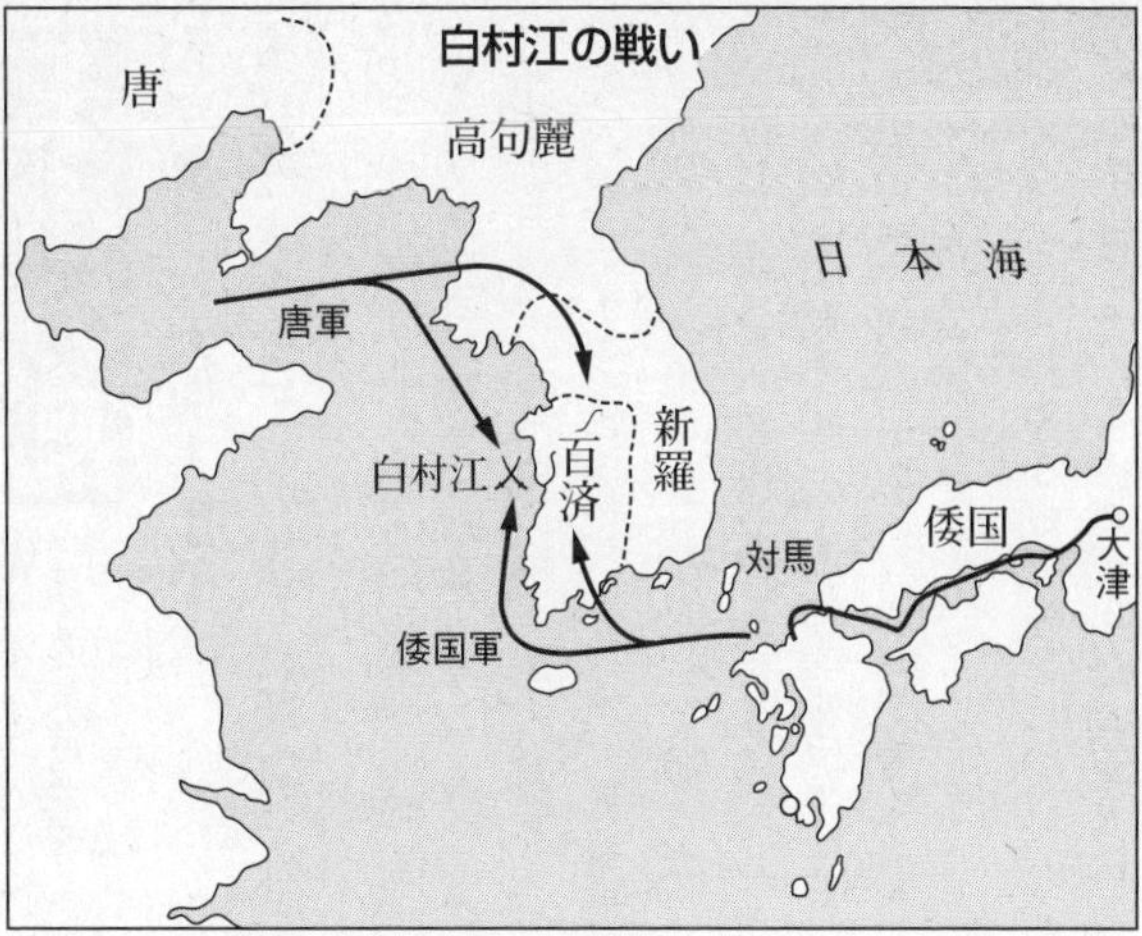

こうして、白村江の合戦は、倭水軍の完敗に終わった。百済復興の拠《よ》り所となっていた周留城も、九月七日に降伏。倭は百済復興の望みを失った。

それは同時に、倭の危機でもあった。唐・新羅連合軍が勝利に乗じて、倭に侵攻してこないともかぎらない。世界帝国・唐に加え、朝鮮半島を統一しつつある新羅を敵にまわした倭の内部には緊張感が走り、北東アジアでの孤立をさとった。

そこから、唐に負けない統一国家をつくる動きが高まり、「日本」が形成されていくことになる。軍備・防衛が強化され、律令制度、戸籍制度がととのえられることになったのだ。

壬申の乱

●672（天武元）年

大友皇子VS大海人皇子
古代版〝天下分け目の戦い〟に勝った天武天皇

●近江朝と吉野勢力の対立

壬申《じんしん》の乱は、古代版〝関ヶ原の合戦〟ともいえる大乱である。かたや天智《てんじ》天皇の子・大友皇子《おおとものおうじ》の近江朝、かたや天智天皇の弟・大海人皇子《おおあまのおうじ》の吉野勢力が対立し、両者の軍勢は美濃《みの》や大和、近江で戦った。この〝天下分け目の戦い〟に勝った大海人皇子は、天武《てんむ》天皇として即位する。

六四五年（大化《たいか》元）の大化改新以降、日本の第一実力者は中大兄皇子だった。中大兄皇子は六六八年（天智七）、天智天皇として大津《おおつ》京で即位、その後、後継者問題に悩みを抱えることになった。当初は、弟の大海人皇子を次期天皇にと考えていたが、実子・大友皇子が成長するにつれ、わが子を天皇の座につけようと考える。当然、皇位継承者からはずされた大海人皇子は、不満を抱きはじめる。

天智天皇と大海人皇子には、ほかにも対立点があった。額田王《ぬかたのおおきみ》をめぐる恋のライバルだったし、両者をかつぐ政治勢力はまったく別だったとみられる。

六七一年八月、天智天皇は病床につき、病は悪化した。一〇月に大海人皇子に皇位をゆずると申し出たが、大海人皇子はこれを辞退。すぐに出家し、急いで吉野に向かった。大海人皇子は、天智天皇の罠《わな》を警戒したのだ。

一二月、天智天皇が亡くなると、子の大友皇子が弘文《こうぶん》天皇として即位した。しかし、弘文天皇の近江朝方と、大海人皇子の吉野方は、たちまち緊張関係に入った。一触即発《いっしょくそくはつ》の状態のなか、六七二年（天武元）六月二二日、ついに大海人皇子は挙兵《きょへい》した。

●大海人皇子、近江朝軍を破る

吉野で挙兵した大海人皇子は、大和から近江へ直接進出するルートを取らなかった。進出しようにも、吉野にはさしたる軍勢がなかったのだ。舎人《とねり》二十余人、女官十余人を連れて、伊賀《いが》（三重県西部）から伊勢（三重県北部）を経て美濃に出た。

この間、村国男依《むらくにのおより》に命じて、美濃で兵を集めさせ、不破《ふわ》の道を遮断させた。不破の道は近江と美濃を結ぶ要衝《ようしょう》で、ここをおさえることで情報と交通をコントロー

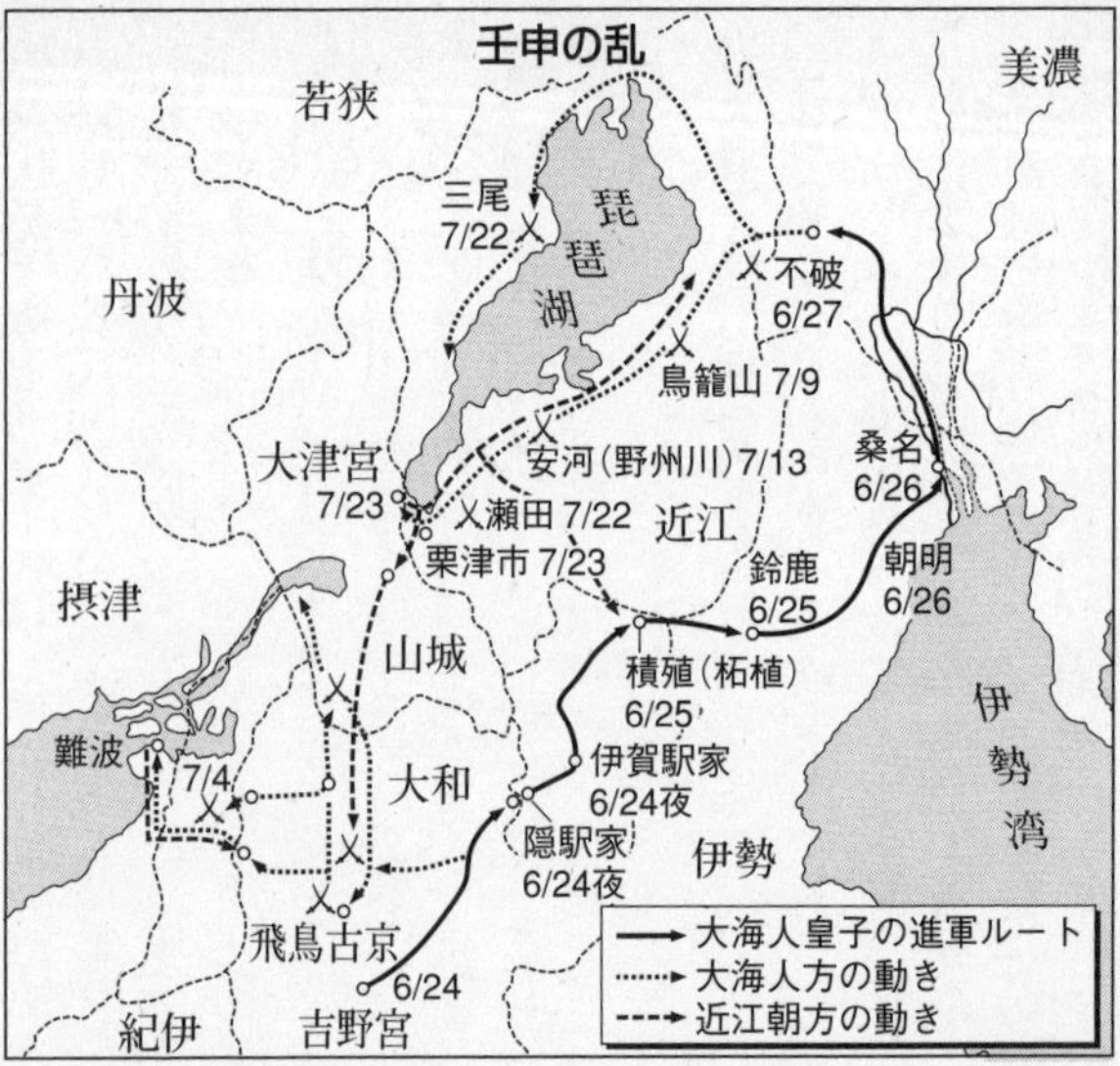

ルできる。さらには、近江と伊勢を結ぶ鈴鹿《すずか》の山道もおさえ、情報戦で優位に立った。

大海人皇子は、美濃を拠点に全国から兵をつのった。六月二七日には、尾張《おわり》国守小子部《ちいさこべ》鉏鉤《きひち》が、二万の兵を連れ駆けつけたほか、東国の軍勢が加わった。

この挙兵に対し、近江朝方は遅れをとった。すぐ騎兵《きへい》で追いかけ、軍勢がととのわないうちに捕《つか》まえる意見もあったが、弘文天皇は軍勢同士の対決を選び、全国に兵をつのった。ところが、兵は思うように集まらない。弘文天皇方の使者は、不破の道で大海人皇子方にさえぎられてしまうため、東国の兵と連絡をつけられなかったのだ。西国でも、弘文天皇の要請を断る豪族が少なくなかった。

兵力面で優位に立った大海人皇子は、二つの戦線をつくり出し、近江朝の大津京を追いつめにかかった。一つは大和方面で、飛鳥古京を奇襲させ、奪取《だっしゅ》に成功する。

これに対し、近江朝も軍勢を派遣し、いったんは飛鳥古京奪還《だっかん》寸前にまで迫る。ところが、大海人皇子は新手の軍勢を送りこみ、七月六日、大和盆地中央での戦いで、近江朝方を破った。これで、近江朝方は大和に手を出せなくなった。

もう一つの戦線は、不破から琵琶湖の東岸を進み、大津京をねらうというものだ。こちらでは、まず犬上川《いぬかみがわ》の合戦に勝ち、鳥籠山《とこのやま》の合戦でも勝利した。

そんななか、近江朝方では内紛が起き、ますます劣勢に拍車《はくしゃ》をかけることになった。近江朝方はじりじりと後退し、ついには大津京も危なくなった。

大津京を守る最後の防衛戦は瀬田《せた》川であり、ここを突破されると、大津京は陥落《かんらく》する。近江朝方は決死で戦い、七月二二日は激戦となった。それでも、大海人皇子方の軍勢は一日で破り、二三日、大津京を陥落させ、弘文天皇は自害して果てた。

勝利した大海人皇子は、天武天皇として即位、新しい都を飛鳥浄御原《あすかきよみはら》とした。兄・天智天皇が望まなかった弟の即位だった。

平将門の乱

●935（承平5）〜939（天慶2）年

平将門VS一族・朝廷

あっけなく散った平将門の野望

●坂東制圧をめざした将門

合戦には、そのとき以上に後世に大きな光を放つ戦いがある。一〇世紀に平将門《まさかど》が挑《いど》んだ戦いは、その代表といえる。関東で乱を起こした将門は、すぐに敗れ去ったものの、後世、実像よりも偉大な英雄となった。

平将門は、下総《しもうさ》（千葉県）の豪族・平良持《たいらのよしもち》を父にもつ。父・良持は、桓武《かんむ》天皇の曾孫《ひまご》・高望《たかもち》王の三男であり、桓武平氏の流れをくむ。

若い頃の将門の夢は京都で任官することで、十数年京都に滞在するが、不首尾《ふしゅび》に終わる。あきらめて坂東《ばんどう》（関東）に帰ったところ、留守をいいことに伯父たちが将門の領地をかすめ取っていた。ここで、将門と伯父たちとの間で争いが起こり、九三五年（承平五《じょうへい》）ごろから何度も合戦ざたになった。

将門の手勢に、伯父たちは単独では勝てない。そこで同盟を結び、将門に対抗したが、将門の勢力はいよいよ強くなった。将門も敵対する伯父たちも、それぞれ朝廷に訴えたが、朝廷は一族の私闘扱いにし、深入りを避けた。

こうして、一族同士の内紛の中で力をつけた将門は、坂東の実力者として名をあげていく。将門のもとには、紛争を調停する依頼が多数寄せられるようになった。

九三九年（天慶《てんぎょう》二）、常陸《ひたち》（茨城県）の住人・藤原玄明《はるあき》が、租税の滞納などで藤原維幾《これちか》らに追われ、将門を頼ってくる。当時、将門の元には桓武天皇の流れをひく興世王《おきよおう》がいて、興世王は玄明をかくまうよう進言。将門はこれを受けて保護した。

五月、将門は千余の軍勢を率いて常陸国府を襲った。藤原維幾は降伏。将門は、官の印鑑を奪った。それまで、将門は一族の内紛解決のため戦っていたのだが、今度は国の出先機関に合戦をしかけたのだ。興世王は、将門に、常陸一国を討《う》つも坂東八か国を討つも罪は同じだと、坂東制圧を推奨した。将門はその気になり、坂東制圧に向かった。将門は朝廷に対する反乱者となったのだ。

●流れ矢に当たって将門戦死

坂東制圧をめざす将門の軍勢は、一二月、下野《しもつけ》（栃木県）を攻めて降伏させ、つ

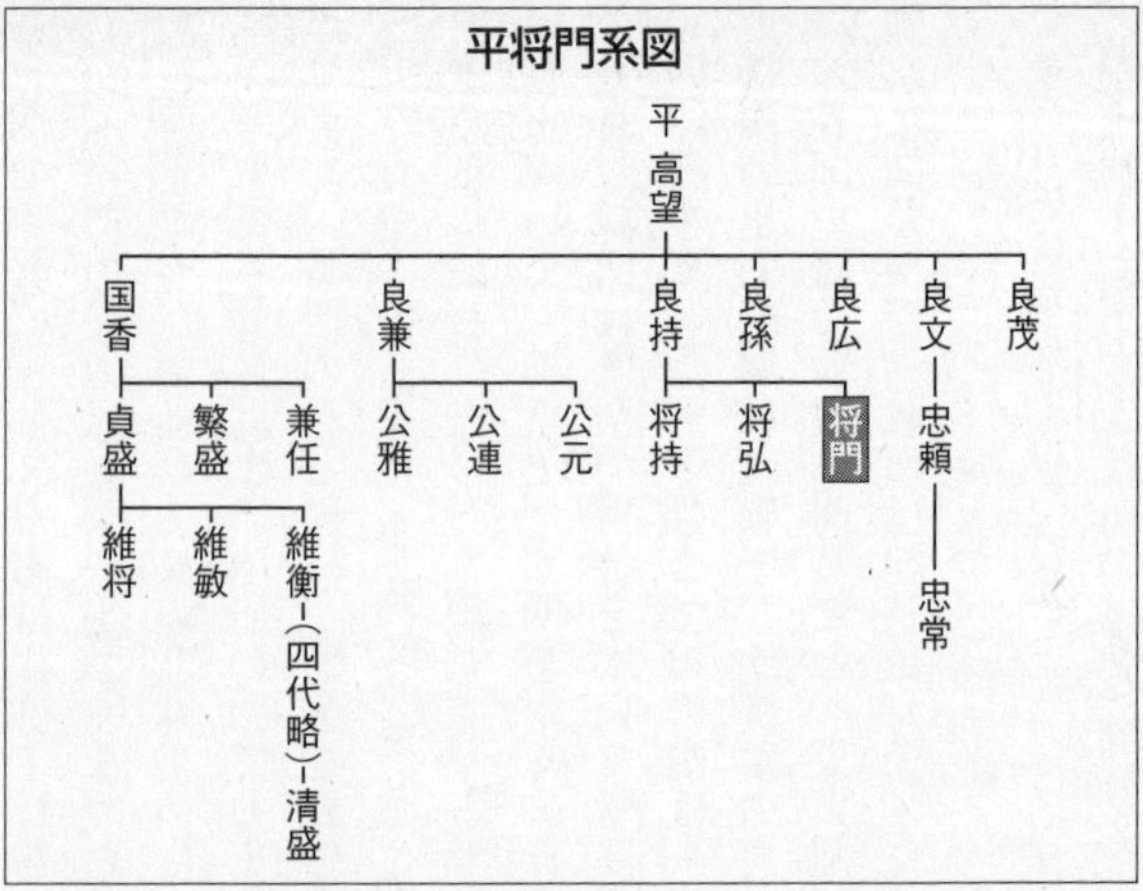

ぎに上野《こうずけ》（群馬県）に侵攻。上野の国府に入った将門は、一九日、朝廷をまねて、坂東諸国の除目式《じもくしき》をおこなった。この式中、自分を「八幡大菩薩《はちまんだいぼさつ》の使い」だという巫女《みこ》が突然、将門に「朕《ちん》の位を授けよう」と叫んだ。ここで、将門は「新皇《しんのう》」と名乗ることになった。将門の祖先は桓武天皇であったので、将門も天皇になる資格があると思ったのだ。軍勢は、さらに武蔵《むさし》、相模《さがみ》、伊豆にも進出、将門は坂東の覇者《はしゃ》となった。

そのころ、瀬戸内海では、藤原純友《すみとも》が乱を起こしていた。東西の反乱に朝廷はあわてふためくが、やがて将門討伐の軍勢派遣を決定。藤原忠文《ただふみ》を征東大将軍に任じ、九四〇年（天慶三）二月四日に軍勢を出発させた。

　京都で将門討伐の動きが進むなか、坂東で打倒・将門をめざしたのが、平貞盛《さだもり》である。貞盛は一族の内紛合戦のとき、父・平国香《くにか》を将門に殺されていた。その恨《うら》みを晴らすべく、下野押領使《しもつけおうりょうし》の藤原秀郷《ひでさと》を頼った。藤原秀郷は俵藤太《たわらとうた》とも呼ばれ、大百足《むかで》退治の伝説をもつ武勇の男である。秀郷は貞盛の頼みに応じ、朝廷は、この二人にも将門追討の命を与えた。

　下野田沼で四〇〇〇の兵をあげた平貞盛、藤原秀郷連合軍の登場に、将門はすきを突かれた。兵に休養をとらせるため、軍勢を郷里に帰していたのだ。あわてて動員をかけるが、一千余りしか集まらない。

　それでも、軍勢を下野まで進出させ、様子をうかがった。相手は名うての藤原秀郷の軍勢であ

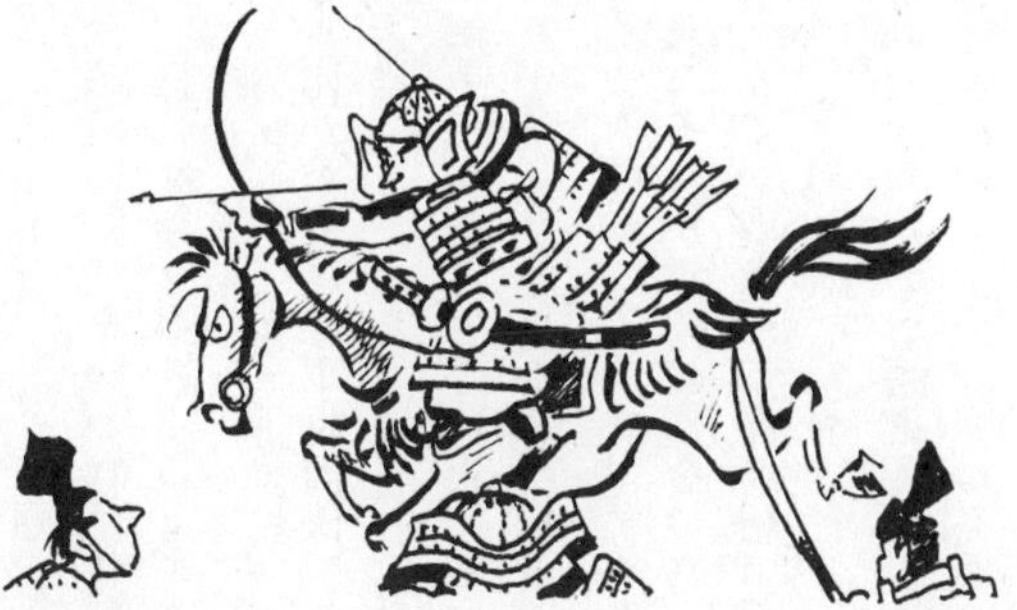

り、将門は警戒したが、配下の武将たちが勝手に開戦してしまった。その軍勢は秀郷軍に包囲されて大敗。将門は退却するしかなかった。

平貞盛・藤原秀郷軍は追撃して下総《しもうさ》に入り、ふたたび将門の軍勢を襲った。勢いに乗る貞盛・秀郷連合軍は、将門の館まで焼きはらい、将門は身を隠さざるをえなくなった。

しかし、援軍のあてもなく、将門はわずかの手勢で貞盛・秀郷連合軍との決戦を決意する。わずかの手勢でも、勝てば流れが変えられる。

二月一四日、猿島《さしま》郡北山に布陣した将門の軍勢は、風上にあることを利用して、連合軍を押しに押した。しかし、途中で風向きが変わり、乱戦状態となり、日没が近くなる。

両軍が兵を退こうとしたとき、秀郷方から矢が放たれ、それが将門の額《ひたい》をつらぬいた。その矢は秀郷自身が放ったともいわれるが、矢一本で合戦は一気に終結。平将門の乱は終了した。

平将門は不運にも敗れたが、後世の民衆は将門を忘れなかった。坂東武士の手本とし、さらには神となり、東京の神田明神に祭神として奉られている。

前九年・後三年の役

安倍一族VS源氏（前九年）　清原一族VS源氏（後三年）

源氏が苦しめられつづけた戦い

●前九年　1051〜1062年
●後三年　1083〜1087年

●安倍一族の滅亡

前九年《ぜんくねん》・後三年《ごさんねん》の役《えき》といえば、源氏の武家としての名を高めた戦いとして知られるが、実態は苦戦の連続だった。前九年の役では安倍《あべ》一族、後三年の役では清原《きよはら》一族に苦戦を強いられた。

一一世紀、奥州《おうしゅう》に勢力を築いていたのは「俘囚《ふしゅう》」と呼ばれた者たちだった。俘囚とは、蝦夷《えみし》のうちで、朝廷に帰順した者のことで、太平洋側の陸奥《むつ》では安倍氏、日本海側の出羽《でわ》では清原氏がそれぞれ俘囚の長として君臨し、とくに安倍氏は頼良《よりよし》の代に強力な勢力を築きあげていた。

やがて、頼良は中央政府に貢《みつ》ぎ物を送らなくなり、独立国の長のようなふるまいをはじめた。さらには、南下まではじめたため、陸奥守藤原登任《なりとう》は討伐軍を出す。

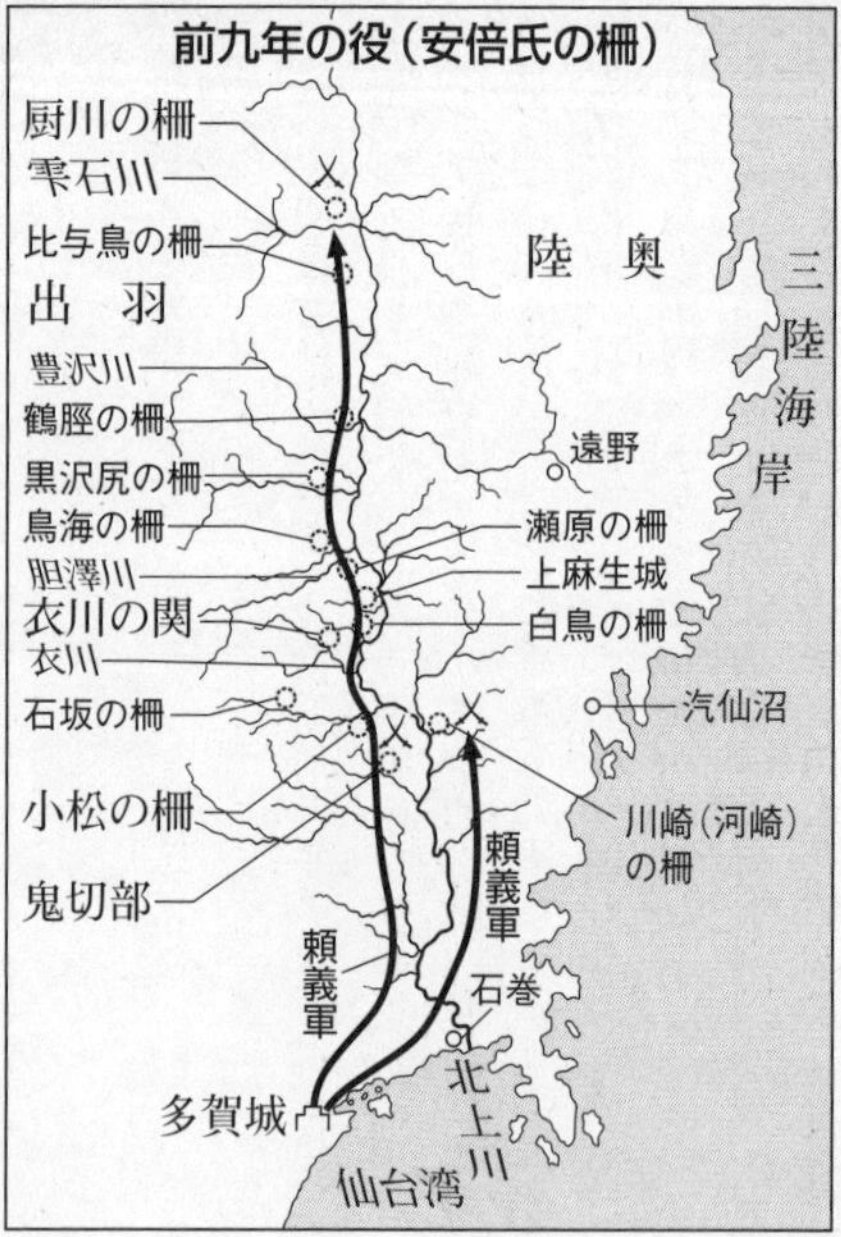

前九年の役（安倍氏の柵）

安倍一族は、各地の俘囚を動員し、陸奥守の軍勢を破った。

安倍一族反乱の報に、朝廷は一〇五一年（永承《えいしょう》六）、源頼義《よりよし》を陸奥守に任じて討伐《とうばつ》に向かわせる。

源頼義の登場を前に、安倍一族はいったん和を結び、頼良は、名が頼義と同音の「よりよし」では恐れ多いと「頼時」に改名する。だが、頼義の任期が終わろうとする一〇五六年（天喜《てんぎ》四）、両者の戦端が切られることになった。

このとき陸奥では飢饉《ききん》が起きていた。頼義側の兵は飢《う》え、脱走が相次いだため軍団として機能しない。

一方、安倍頼時は流れ矢がもとで死去したが、後を継いだ貞任《さだとう》が兵をうまくまとめ、一〇五七年（天喜五）一一月、安倍貞任軍は頼義軍を破る。

独力で勝てないとさとった頼義は、出羽の俘囚の長である清原光則《みつのり》、武則《たけのり》の兄弟に援軍を仰《あお》ぐ。頼義の頼みに清原一族は応じ、一〇六二年（康平《こうへい》五）に兵を出した。これで頼義軍はようやく安倍一族に対抗できる軍容《ぐんよう》となるが、その大半は清原勢だったという。

源氏・清原連合軍は八月一七日、安倍貞任の弟・宗任《むねとう》の守る小松柵を攻撃、突破する。

しかし、勝利もつかの間、源氏・清原軍は飢えに苦しみ、軍本営周辺の村から稲を奪い取りはじめた。これを見た安倍貞任の軍勢は、勝利の機会と本営を襲った。

本営にあった清原武則は、逆に勝利の時がきたと頼義に告げた。貞任が防御をかためれば、遠征軍である源氏・清原軍は疲れるばかりだ。勝つためには野戦で一挙にに決することが重要で、貞任が出撃してきたこの機会がそうだと説明したのだ。源氏・清原連合軍は反撃を開始、貞任の軍勢を破った。

その勢いで、安倍一族の柵を次々と突き破り、残すは厨川《くりやがわ》の柵だけとなった。厨川は激戦となるも、やがて陥落。安倍貞任は討ち死にした。ここまで、実際には一三年もかかって、前九年の役はようやく終わった。

●攻城戦となった後三年の役

前九年の役で活躍した清原一族は、その後安倍一族の領土も手に入れて、強大な力を誇るようになっていた。すでに武則の代は終わり、一〇八三年、真衡《さねひら》が主のとき、内紛が起きた。

内紛のなか、真衡が死去し、真衡の弟である清衡《きよひら》と家衡《いえひら》がそれぞれ領地を継ぐが、やがて対立。一〇八六年（応徳《おうとく》三）、家衡は清衡の館に火を放ち、妻子まで殺した。命からがら脱出した清衡は、時の陸奥守である源義家《よしいえ》を頼る。義家は、前九年の役で清原一族の力を借り、苦闘のすえ勝った頼義の子だ。

義家は清衡を援助し、家衡を討つべく、家衡のこもる沼柵を軍勢で包囲する。だが、家衡側の守りがかたいうえに、季節は冬となった。雪と寒さに凍死が相次ぎ、義家は囲みを解かざるをえなかった。囲みが解かれたすきに、家衡の手勢は叔父・武衡《たけひら》とともに、より堅固《けんご》な金沢柵にこもった。

一〇八七年（寛治《かんじ》元）、義家の軍勢が金沢柵を攻めようと近づいたところ、空を飛ぶ雁《がん》の群れが列を乱して散っていった。これを見た義家は、近くに伏兵《ふくへい》がいると見破った。これにより、家衡側の奇襲を阻止できた。

とはいえ、金沢柵の守りはかたく、破ることはできない。義家は力攻めをあきらめ、兵糧《ひょうろう》攻めに切りかえた。

秋も深まると、さすがに金沢柵の中の食糧は尽き、女性や子どもらは投降しはじめた。

その投降者たちを義家は、柵から見える場所で皆殺しにした。投降者が増えれば、金沢柵の食糧はそれだけ余裕ができ、持ちこたえることができる。それを恐れ、残酷な仕打ちに出たのだ。

これで絶望的になった金沢柵の軍勢は、一一月一四日に突撃するも、待ち受けていた義家軍に迎撃されて惨敗《ざんぱい》。家衡、武衡は捕《と》らわれて、殺害された。

後三年の役は、苦戦のすえ源義家方の勝利に終わったが、朝廷はこの戦いを私戦と見なし、恩賞はなかった。これでは、苦労を重ねた配下の者たちに顔が立たないと、義家は自分の財産のほとんどを恩賞として部下に分け与えた。

これが源氏の名を高め、前九年・後三年の役は、源氏の活躍した戦いと語り継がれるようになった。

保元・平治の乱

●保元の乱　1156（保元元）年
●平治の乱　1159（平治元）年

天皇側VS上皇側（保元の乱）
藤原信西・平清盛・重盛VS藤原信頼・源義朝・頼朝（平治の乱）

平清盛が頂点を目指したバトルロイヤル・ゲーム

●武士に助けを求めた朝廷

保元《ほうげん》・平治《へいじ》の乱は、宮廷内の勢力争いの末の合戦である。上皇、天皇、藤原氏らが入り乱れて陰謀をめぐらすなかに、源氏、平家の武士たちも加わる。それは誰が生き残るかというバトルロイヤル・ゲームの様相を呈《てい》し、生き残ったのは、伏兵的な存在だった平清盛《きよもり》だった。

一二世紀半ば、朝廷では鳥羽《とば》法皇とその子・崇徳《すとく》上皇が対立、藤原家では関白・忠通《ただみち》と弟の左大臣・頼長《よりなが》が権力を争っていた。鳥羽法皇方には後白河《ごしらかわ》天皇、藤原忠通がつき、一方で崇徳上皇には藤原頼長《よりなが》が味方していた。

両陣営はともに助太刀《すけだち》を求め、源氏、平家の武士たちを味方につけようとした。源氏と平家も内部分裂し、鳥羽法皇・後白河天皇側につく者もあれば、崇徳上皇側につく者もいた。結局、鳥羽・後白河方は平清盛と源義朝《よしとも》を味方につけ、兵の数の上で優位に立った。清盛は、西日本を地盤にもっとも多くの兵を集めていた。

一一五六年（保元元）七月二日、鳥羽法皇が死去すると、両陣営の間の緊張はいよいよ高まる。鳥羽法皇亡きあと、その派閥を受け継《つ》いだのは後白河天皇だ。

一方、崇徳上皇方には、義朝の弟である源為朝《ためとも》が加わった。為朝は、かつて九州を征服したほどの武将であり、崇徳上皇方は期待を寄せた。

為朝は、すぐに後白河天皇方の内裏《だいり》への夜襲を進言する。奇襲によって、敵である兄・義朝が飛び出してくれば射殺し、平清盛の矢は鎧《よろい》の袖《そで》で打ち払うと豪語《ごうご》した。しかし、藤原頼長は、上皇や天皇の争いは白昼に堂々とするものだと退けた。為朝は憤慨《ふんがい》するとともに、兄・義朝は奇襲をしかけてくるだろうと読み、敗北を予感した。案の定、後白河天皇方は、一一日に崇徳上皇の白河殿に夜襲をかけてきた。義朝の手勢は二〇〇、清盛の手勢は三〇〇である。不意を突かれた崇徳上皇側は、為朝を中心に抵抗した。

このとき、義朝と為朝兄弟の弓対決があったという。為朝は、大将である義朝をひるませれば、軍勢は退くと考え、義朝の兜《かぶと》の星を弓で射て削《けず》った。義朝が「評判ほどの腕ではない」と怒鳴ると、為朝は「兄と思えばこそ、わざとはずした」と答

保元の乱 → 平治の乱

保元の乱

敗		勝
崇徳 流刑	天皇家	後白河
左大臣頼長 傷死	藤原氏	関白忠通
忠正 死刑	平家	清盛
為義 死刑 為朝 流刑	源氏	義朝

平治の乱

敗		勝
信頼 死刑	藤原氏	信西 殺害
義朝 敗死 義平 死刑 頼朝 流刑		清盛 重盛
源氏		平氏

え、次は頭をねらう。その矢を義朝の配下が身代わりに受け、義朝は命拾いした。

為朝の奮戦はあったものの、義朝が白河殿に火を放つと、崇徳上皇方の兵は混乱、ついには敗北した。崇徳上皇は仁和寺《にんなじ》に逃亡したところを捕《つか》まり、讃岐《さぬき》に島流しとなった。為朝は近江《おうみ》で捕らえられ、伊豆大島に流刑。これが、保元の乱の顚末《てんまつ》だ。

●二条天皇を奪い返し、官軍となった清盛

これで、朝廷内の派閥対立はおさまったかに見えたが、すぐに新たな対立が生まれた。

一一五八年、後白河天皇は上皇となり、二条天皇が即位した。そんななか、藤原信西《しんぜい》と藤原信頼《のぶより》が激しく対立、周囲を巻き込んでいった。信西にはほかにも敵が多く、源義朝もそ

の一人だった。義朝は、保元の乱での恩賞が清盛以下だったことに不満を抱き、その不満を信西に向けた。義朝は反信西派にまわり、藤原信頼と結んだ。

一方、平清盛は藤原信西と結びつき、信西・清盛連合対信頼・義朝連合の構図ができあがった。緊張状態のなか、平清盛は一一五九年（平治元）一二月四日、熊野詣《くまのもうで》に出かけた。これは、清盛がしかけた罠《わな》であった。罠と知ってか知らずか、義朝は挙兵し、すぐに後白河上皇と二条天皇を内裏《だいり》に幽閉《ゆうへい》した。上皇と天皇を押さえることで、権力を握ったのだ。藤原信西は、この挙兵を事前に察知《さっち》し、京都南方の山中に隠れたが、発見され、殺された。

熊野に向かっていた清盛が、この変を知ったのは一〇日で、ただちに京都の六波羅《ろくはら》の屋敷までと

って返した。清盛は、いったん藤原信頼に臣従したかのように見せかけながら、義朝・信頼の目をかすめて、二条天皇をうまく内裏から脱出させ、後白河上皇も脱出に成功した。

清盛方は、二条天皇を得たことで官軍となり、信頼・義朝追討の宣旨《せんじ》を得る。二六日、信頼・義朝のいる大内裏を攻め、逆臣として攻められた信頼は、緊張のあまり落馬するありさまだった。

義朝方は、清盛の手勢を相手に抵抗するが、拠点とした大内裏を失う。清盛の拠点である六波羅を襲って一気に形勢逆転をはかろうとしたものの、兵力が清盛方よりも少なかったうえ、頼みとしていた同じ源氏の源頼政が、静観を決め込んだため敗退した。

義朝は、東国で再起をはかるため東へ逃げるが、途中、尾張で長田忠致《おさだただむね》に暗殺されてしまう。

義朝の子・頼朝は、美濃で捕らえられた。これで、平治の乱は終わった。

朝廷内で上皇、天皇、藤原氏が激しく争った乱のあと、気がつけば、武家の平清盛が武力を背景に頂点に立つことになった。「平家にあらずんば人にあらず」といわれた時代に移っていくわけである。

石橋山の合戦

源頼朝VS平清盛

清盛に追いつめられた頼朝が逃げきりに賭けた負け戦

●1180(治承4)年

●打倒平家の始まり

合戦には、逃げ巧者がいる。織田信長がその典型だが、源頼朝《よりとも》もなかなかの逃げ巧者といえる。頼朝は逃げるとき、何重にも保険をかけて、命を拾い、それを再起につなげる。それが、石橋山《いしばしやま》の合戦にはよく出ている。

源頼朝の父・義朝《よしとも》は、平治の乱に敗れ、殺された。頼朝は命こそ助けられたものの、伊豆の蛭《ひる》ヶ《が》小島《こじま》に流され、一四歳から三四歳までの二〇年間を流人《るにん》として暮らす。その間、ひそかに北条時政《ほうじょうときまさ》の娘・政子《まさこ》と結婚しているが、どの程度、自分の将来を見すえていたかはわからない。

頼朝の運命が大きく変わるのは、一一八〇年(治承《じしょう》四)のことだ。後白河法皇の子・以仁王《もちひとおう》が平家打倒に立ち上がり、令旨《りょうじ》を各地に出した。この令旨を受けて源頼政が挙兵するが失敗に終わる。

その後、平清盛は、反平家の活動を全面的に押さえ込みにかかる。以仁王の令旨を受けた源氏の者すべてを追討するように、指示を出したのだ。

以仁王の令旨は、伊豆の頼朝のもとにも届いており、清盛は、伊豆を本領とする大庭景親《おおばかげちか》に頼朝追討も命じた。頼朝に反逆の意思があったかどうかに関係なく、頼朝は追いつめられた。

頼朝には、二つの選択があった。奥州藤原氏を頼って逃亡するか、以仁王の令旨に従い、打倒平家の挙兵をするかだ。

妻政子の実家である北条家は味方についてくれそうだが、それでも大庭景親の軍勢には遠く及ばない。おそらく頼朝の軍勢は圧倒されるだろう。それでも、頼朝の選択は後者だった。

●頼朝軍は大庭景親の軍勢に完敗

挙兵を決意した頼朝が最初に挑《いど》んだのは、大庭景親ではなく、伊豆守《いずのかみ》の目代《もくだい》（国司の代理）山木兼隆《かねたか》であった。

山木兼隆は、平家の威《い》をかさに着て傍若無人《ぼうじゃくぶじん》にふるまっていたため、武士の不満をかっていた。頼朝は、山木兼隆を討《う》てば、味方になる武士が増えると考えた。兼隆とは妻の政子をめぐり三角関係だったという説もある。

だが、兼隆を討てば、大庭景親の軍勢が出てくるだろう。そうなれば、頼朝に勝ち目はない。そこで頼朝は、三浦《みうら》半島の三浦一族の応援をあてにした。三浦一族の軍勢と合体すれば、大庭軍に対抗できると踏《ふ》んだのだ。

さらに万一、三浦勢と合流できない場合や敗れ去った場合を想定し、海路、安房《あわ》（千葉県南部）まで逃げる用意も整えた。

八月一六日、北条時政の指揮で、源氏軍は山木兼隆の館に夜襲をかけ、山木兼隆を討ちとる。この勝利のあと、頼朝は東へ向かった。三浦勢と一日も早く合流し、大庭景親の軍勢に対抗する必要があったのだ。

すでに、大庭景親の軍勢は、頼朝追討に動きはじめていた。頼朝らは夜間に移動したため、行軍の速度は遅くなった。

その一方、三浦勢はなかなかあらわれなかった。荒天《こうてん》のため、三浦勢は海路で移動できず、陸路の移動を選んだが、丸子《まるこ》河が増水し、河を渡れなくなっていたのだ。

二三日、頼朝勢は大庭軍から逃げきれず、ついに単独で石橋山で戦うことになる。石橋山の合戦は、源氏軍三〇〇、大庭軍三〇〇〇の戦いで、当然、大庭軍は源氏軍を圧倒し、源氏軍は背後から別働隊にも襲われた。敗北した源氏軍は、散り散りとなり、一時は頼朝の身も危なくなるが、豪雨《ごうう》のおかげで逃走できた。

その後も、大庭軍は逃亡する頼朝を追撃。頼朝はからくも逃げ延《の》び、二八日、土肥郷真鶴《まなづる》岬から安房《あわ》に船で逃れた。この後、頼朝は安房で再起し、多くの兵を集めることに成功、本格的に打倒平家に動きだす。再起戦で多くの兵が頼朝の元に集まったのは、挙兵時に平家の威を借りた山木兼隆を討ったことが大きかった。

逃亡中、頼朝は一度、大庭景親の手勢に見つかった。真鶴岬の近辺で岩屋に隠れていたとき、敵方の梶原景時《かじわらかげとき》に発見されたが、景時は見逃してくれた。

これを恩義に感じ、頼朝は幕府の重臣に梶原景時を入れている。景時は後に、源平合戦で大武功を立てた義経追放の急先鋒《せんぽう》となった。

◉二章

源平争乱！諸国を駆けめぐった

平家打倒から武家政権の樹立へ

富士川の戦い

●1180（治承4）年

源頼朝VS平維盛

平氏軍が戦わずして敗走した前代未聞の合戦

●源頼朝再び挙兵す

天下の覇権《はけん》を握っていた平家が、じつは張《は》り子《こ》の虎《とら》にすぎないことを日本全国に知らしめたのが、富士川《ふじがわ》の戦いだ。水鳥の羽音《はおと》に驚いて逃げたといわれる平家軍の情けなさは、源平《げんぺい》合戦の中でもよく知られた話である。

事は、一一八〇年（治承《じしょう》四）九月一七日、源頼朝が安房《あわ》で再起の軍をあげたところからはじまる。頼朝は、その一か月前の八月一七日に伊豆で挙兵し、山木兼隆《かねたか》を討《う》ったものの、石橋山《いしばしやま》の戦いでは完敗した。命からがら安房へと落ちのびた頼朝は、再起を期し、源氏に味方する兵を集めはじめた。

すると、石橋山で完敗したにもかかわらず、予想を上まわる多くの兵が集まった。安房から上総《かずさ》、下総《しもうさ》に出て、武蔵から鎌倉に入ったときには、先の挙兵時をはるかに上まわる三万以上の兵が集まっていた。すでに、頼朝は、「東国の源氏の大将」と目《もく》されるようになっていた。

京都の平家は、源頼朝の再起に、ふたたび頼朝討伐《とうばつ》の軍を差し向けた。平家軍の大将に任ぜられたのは、平清盛の孫・平維盛《これもり》である。副将には、清盛の末弟・平忠《ただ》度《のり》、清盛の子・平知盛《とももり》がついた。

平忠度は、平家屈指《くっし》の武将である。以仁王《もちひとおう》と源頼政の挙兵時には、平家軍を率いて、反乱を鎮圧《ちんあつ》したという実績もあった。

頼朝は、平家が東に向かってきていると知り、軍勢を率いて鎌倉を出発した。ついに一〇月、富士川の両岸に、平家と源氏は対峙《たいじ》することになった。

●平家には、まともな兵が集まっていなかった

富士川には平家軍が先に着いていたが、東からきた源氏軍の多さに平家は驚かされた。平家軍は七万余、一方、源氏軍は二二万と平家の三倍の数が集まったのだ。数か月前に破った相手が、これほどまでに大きくなっているとは、平家の武将たちは想像もしていなかった。

しかも平家は、源氏軍の勢力を実際よりもさらに多く見積もってしまった。富士

川周辺の農民や漁民は、合戦を避けるため、近くの山や海に逃げ隠れたのだが、彼らがつかう火まで平家は、源氏軍の篝火《かがりび》と錯覚したのだ。

両軍は、一〇月二四日早朝に箭合《やあわ》せと決めていたが、結局、平家軍は戦うことなく、退却してしまった。

この退却劇をめぐっては、いろいろな説がある。『平家物語』では、平家の軍勢は夜ふけに水鳥の羽音を聞き、これを源氏の大軍の奇襲とかん違いして逃げだしたという。

『吾妻鏡』によると、その夜、源氏方の武将・武田信義《のぶよし》の手勢が平家に奇襲をかけたという。一部で小競《こぜ》り合いがあり、その小競り合いに富士川の水鳥たちが驚いた。総大将の平維盛は、その羽音を源氏の大軍による奇襲とかん違いし、退却を決意したという。

水鳥の羽音とは関係なく、平家軍が退却したという説もある。もともと勝ち目が薄いうえ、源氏軍に投降する兵もあらわれている現状から、陣を払ったのだ。

この戦いで、平家側の戦意が乏《とぼ》しかったのは、武家であるはずの平家が公家《くげ》化していたからだけではない。前年の一一七九年（治承三）から二年間、平家の地盤の西日本では凶作《きょうさく》がつづいていたのだ。各地で大飢饉《ききん》となり、疫病《えきびょう》も流行っていた。

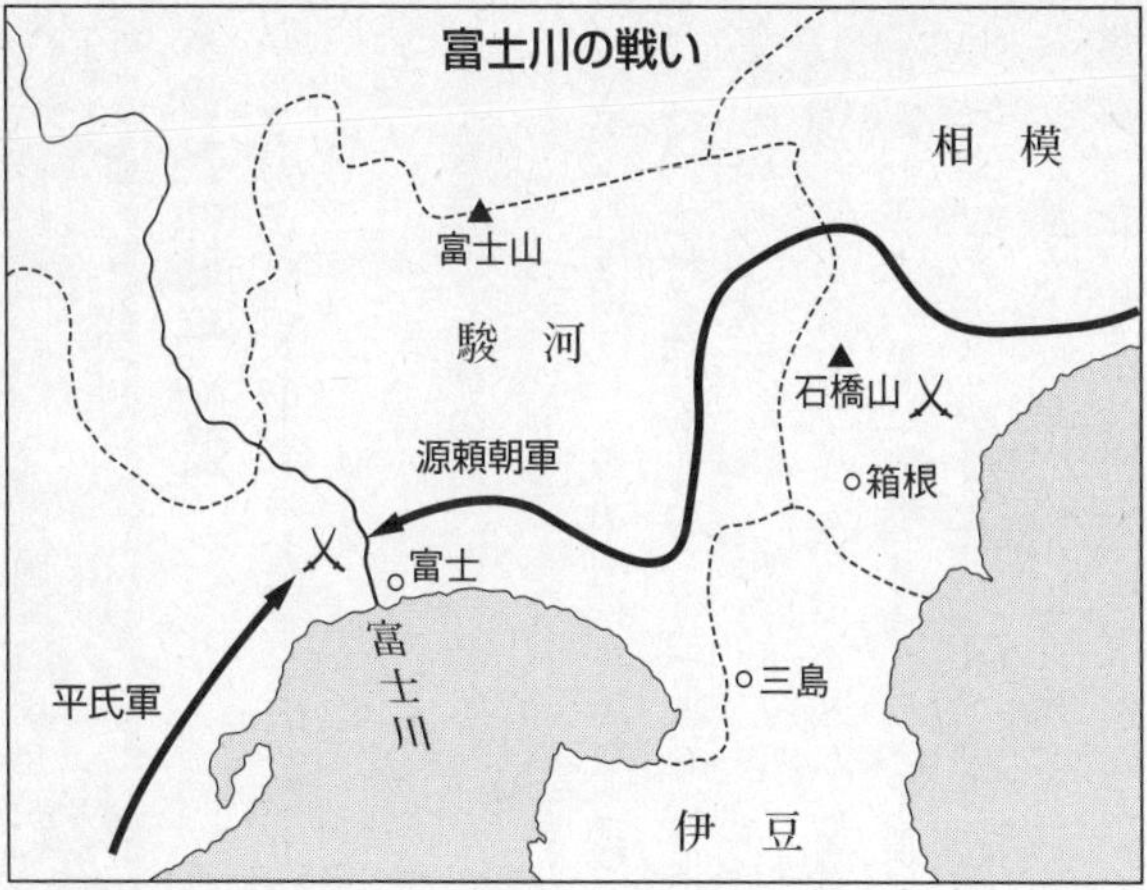

京都では七万人の餓死者が出ていたと伝えられる。

つまり、平家は、大飢饉のなか、兵を集めることもままならなかったのである。かろうじて集めた兵も寄せ集めのうえ、数合わせにすぎない「借り武者」が多かった。

歌人の藤原定家《さだいえ》も兵士を一人だすようにいわれ、知人から借りた兵を差しだしたと記している。そんな兵士が多かったから、源氏に投降したり、逃亡する者が続出したのだ。

富士川の戦いで、戦わずして敗れた平家の名は、一気に失墜《しっつい》する。翌年二月には、総帥《そうすい》の平清盛が病死し、平家の前途には暗雲が立ち込めることになった。

倶利伽羅峠の戦い

●1183（寿永2）年

木曾義仲VS平維盛
頼朝への意地で、平家の大軍を破った木曾義仲

●木曾義仲と頼朝の対決

源氏というと、頼朝のもとに一枚岩《いちまいいわ》にまとまっていたように思われがちだが、じつはそうではない。頼朝が挙兵したころ、源氏の大将の座をねらう武将は、ほかにもいた。木曾義仲《きそよしなか》もその一人であり、倶利伽羅《くりから》峠の戦いは、誰が源氏の棟梁《とうりょう》となるかという思惑がからんだ合戦だった。

頼朝に遅れて、信濃木曾で挙兵した義仲は、順調に勢力を伸ばした。頼朝方の源氏軍が一一八一年（治承五）三月、尾張墨俣《すのまた》川の戦いで、平家軍に大敗したのに対し、義仲はその三か月後の六月、信濃横田河原で平家軍に圧勝していた。義仲はしだいに信濃から関東へ勢力を伸ばし、頼朝のいる鎌倉への侵攻をねらっていた。頼朝を倒して、源氏の覇者《はしゃ》の座を手に入れようとしたのだ。

このころ、頼朝の叔父の信太《しだの》義広が、頼朝を裏切ったすえ、木曾義仲を頼ってきた。義仲と頼朝の直接対立は、避けられないものとなった。頼朝は、信濃の善光寺《ぜんこうじ》付近にまで出陣。義仲は北方の熊坂山に陣を張った。このとき、頼朝の軍勢は一〇万といわれ、劣勢をさとった義仲は、和睦《わぼく》を申し込み、子の義隆を人質として鎌倉に送った。これで、頼朝は東日本の源氏をまとめあげることができた。

頼朝に屈する形となった義仲は、勢力の挽回《ばんかい》をはかった。頼朝を超えるには、頼朝よりも早く上洛《じょうらく》することである。京の都へと兵を動かしはじめる。

一方、平家も、義仲が上洛をねらっていることを察知し、義仲征伐の軍を北陸へと派遣した。平家軍はつぎつぎと義仲の防衛ラインを突きくずし、義仲本隊との決戦の日が近づいた。

●火牛の計ではなく、迂回奇襲で勝った義仲軍

平家軍は、義仲との対決を前に策を練った。平忠度《ただのり》が別働隊を指揮し、能登《のと》国の志保山に向かうというものだ。義仲が、平忠度軍迎撃のために軍勢を分散すれば、義仲軍本隊が弱まるだろうというわけだ。

実際、志保山に向かう平忠度軍を見て、義仲は、叔父の源行家《ゆきいえ》の軍勢を志保山に

向かわせた。ただ、平家の期待に反して、その軍勢は少なく、主力は本陣に置かれたままだった。

平維盛《これもり》率いる平家軍本隊は、砺波《となみ》山に向かった。砺波山山中には、倶利伽羅不動明王長楽寺のある峠があり、そこは倶利伽羅峠と呼ばれていた。平家軍はこの峠近くに布陣《ふじん》し、義仲軍と対した。平家軍七万に対し、義仲軍四万だったといわれる。兵力差は歴然としていた。

兵力の劣る義仲は、ひそかに二つの別働隊を動かしていた。樋口兼光《ひぐちかねみつ》率いる軍を迂回《うかい》させて平家軍の背後に送り、小諸忠兼率いる信濃の武士団にも迂回させ、平家軍の側面を突くよう指示していたのだ。

しかし、別働隊が迂回を終えないうちに、平家軍が正面突破してきたら、勝ち目はない。そこで陣地に、源氏の旗である白旗を多く掲《かか》げさせた。義仲軍が意外に多いと判断した平家軍は、容易に攻めることができなくなった。

五月一一日の夕刻、別働隊の樋口軍が法螺貝《ほらがい》を鳴らし、太鼓を叩きながら、平家軍の背後を襲った。大軍による背後からの奇襲かと、平家軍は動揺した。そこを義仲の本隊が正面から突破。平家軍は、混乱するばかりで突きくずされてしまった。

平家軍は北の側面から逃げようとしたが、そこには別働隊の小諸軍が待ちかまえ

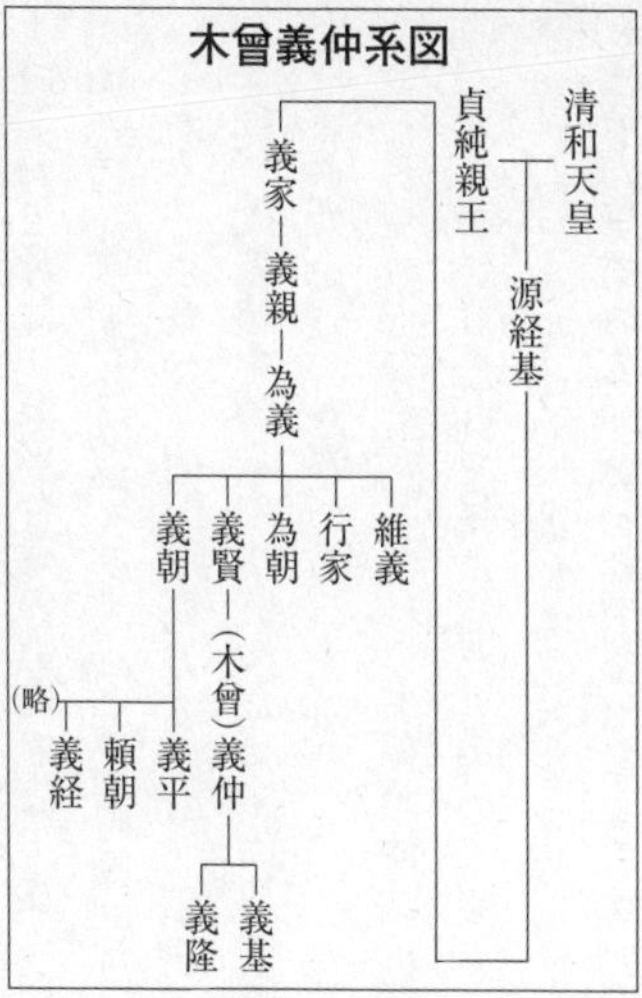

ていた。平家軍の混乱はさらにひどくなり、散り散りに敗走した。

これが倶利伽羅峠の戦いだが、この戦いで木曾義仲は「火牛の計」をつかったと伝えられる。火牛の計は、中国・斉の田単《でんたん》が考えついた計略で、牛の尾に葦《あし》の束を結びつけて、これに火をつける。尻が熱くなった牛はたまらず前方に突進し、敵をかき乱す。もっとも現実には、牛は尻が熱くなっても暴れまわるだけで、突進はしないという。義仲は、火牛の計で勝ったのではなく、迂回奇襲作戦で勝ったのだ。

義仲は、この戦勝で一息つくわけにはいかず、平忠度軍に打ち砕かれていた源行家軍の救援に向かった。義仲軍の登場で、平忠度軍も退かざるをえなかった。

この倶利伽羅峠の敗戦で、平家は意気消沈する。木曾義仲が京都に迫ってくるという知らせに、平家は都落ちを決意。義仲は、頼朝より先に上洛を果たすことになったのである。

宇治川の戦い

●1184（元暦元）年

木曾義仲VS源義経
頼朝の軍略と深慮遠謀に踊らされ自滅した義仲

●義経は義仲追討に向かった

源頼朝自身は、源平合戦の山場では、まったく戦いに参加していない。戦うのは、頼朝の名代《みょうだい》である義経らで、そこから頼朝は戦下手《いくさべた》で臆病という説がある。

しかし、これは一面的な見方である。頼朝には、義経、木曾義仲は持ち合わせていない、大戦略を練る力があった。宇治川《うじがわ》の戦いは、頼朝が鎌倉から遠隔操作《えんかくそうさ》して、宿敵・義仲を破った戦いといえる。

一一八三年（寿永《じゅえい》二）七月、木曾義仲は京都に入った。義仲は、頼朝よりも先に上洛するという念願を果たしたものの、すぐに京都で孤立した。義仲の兵たちは、掠奪《りゃくだつ》の限りを尽くし、義仲もこれを止めなかった。季節は、米がもっとも不足する収穫前の夏である。乏しい米を掠奪する義仲は、後白河法皇をはじめ、公家、庶民の信望をたちまち失った。

後白河法皇は、鎌倉の源頼朝に、義仲を討つための上洛を求めてきた。これをひそかに待っていた頼朝だが、すぐには動かなった。食糧不足の京都に軍勢を連れていけば大変な事態になることが予想されるし、奥州の藤原秀衡《ひでひら》が留守の鎌倉を襲いかねない。また動かないほど、京都では頼朝待望論が日に日に高まると考えたのだ。

それを待って、頼朝は、義仲追討の意思はないように見せかけながら、動きはじめた。一〇月に源義経に兵五〇〇を与え、京都に向かわせたのだ。

さらに頼朝は、隠蔽工作《いんぺいこうさく》をおこなった。義経の上洛は、頼朝に東国の行政権が与えられたことを触れまわるためであり、また後白河法皇に貢《みつ》ぎ物を届けるためと発表した。その一方、義経らのあとから、御家人《ごけにん》たちをつぎつぎと京都に向かわせた。

義仲は、この頼朝の動きにまんまと引っかかった。義経らはわずかの軍勢にすぎないと思い込み、油断してしまったのだ。御家人たちが美濃墨俣《すのまた》川に集結したとき、東軍はすでに大軍となっていた。

加えて義仲の背後にも、敵があらわれる。都落ちしていた平家が立ち上がったのだ。閏《うるう》一〇月一日水島の合戦で、平家は義仲の軍勢に大勝。勢いに乗った平家は、摂津《せっつ》一ノ谷《いちのたに》に軍勢を集結させ、京都奪還をねらいはじめた。平家軍と鎌倉軍にはさみ打ちされてはたまらないと、義仲は平家に和議を申し込んだ。

翌一一八四年（寿永三）一月一〇日、義仲は、幽閉中の後白河法皇に強要して征《せい》夷大将軍《いたいしょうぐん》の座につくが、すでに命運は尽きかけていた。

●すでに義経軍の敵ではなかった木曾義仲軍

一方、鎌倉から京都に向かった軍勢は、頼朝の指示によって二手に分けられた。一軍は義経の兄である源範頼《のりより》を大将として、瀬田《せた》口から京都を攻める。もう一軍は義経を大将として、伊勢から宇治路《うじ》に入り宇治川から攻め入る。これに対して義仲は、瀬田口と宇治川口の二つの軍勢を分けた。

さらに、宇治川を簡単に渡らせないよう、宇治橋をこわし、宇治川の川底に乱杭《らんぐい》を打ち込み、大縄を張り、先端のとがった逆茂木をつないだ。だが、いずれの作戦も、義経の大軍の前には無力だった。

一月一九日、義仲は、宇治川の守りに叔父の信太《しのだ》義広を派遣したが、その数はわずか三〇〇にすぎなかった。義経率いる軍は二万といわれ、宇治川の守りは簡単に破られた。

『平家物語』における宇治川の合戦のハイライトは、義経軍の梶原景季《かじわらかげすえ》と佐々木高綱《ささきたかつな》の先陣争いである。梶原景季は頼朝から名馬・磨墨《するすみ》を拝領し、佐々木高綱も頼朝から名馬・生食《いけずき》を与えられていた。両者はともに名馬にまたがって宇治川を渡り、景季が対岸に先着しそうだった。景季が対岸にあと少しで着くというとき、二番手の高綱は「梶原殿、馬の腹帯がゆるんでいるぞ」と注意した。これはウソで、景季があわてて腹帯を締め直そうとしている間に、佐々木高綱が宇治川一番乗りを果たしたのである。

この牧歌的エピソードがハイライトであるほど、宇治川の戦いは義経軍の圧勝に終わった。義経軍はその勢いのまま京都市中に入り、幽閉中の後白河法皇を解放した。

一方、瀬田口では、源範頼が義仲方の今井兼平の軍を破った。義仲は、瀬田口も宇治川も突破されたことを知り、故郷の木曽に落ちのびることを決意する。義仲の側には愛妾の巴御前《ともえごぜん》があり、途中、範頼の軍に敗れた今井兼平《いまいかねひら》とも合流する。

しかし、義仲はそれ以上の逃亡は無理と判断し、巴御前を去らせ、今井兼平と二人だけになった。途中、粟津《あわづ》ケ原で義仲は落馬し、そこで討たれてしまう。

義仲は、頼朝より先に征夷大将軍となりながら、頼朝の術数《じゅっすう》に落ちたのだった。

源平合戦
源頼朝軍(1180)
源義仲軍(1180〜84)
源義経軍(1180〜85)
おもな戦場
平泉
②源義経の挙兵(1180.8)
④富士川の戦い(1180.10)
⑤倶利伽羅峠の戦い(1183.5)
⑥宇治川の戦い(1184.1)
倶利伽羅
越中
木曽
富士川
鎌倉
国府
石橋山
京都
栗津
宇治
渡辺
③石橋山の戦い
(1180.8)
厳島
壇ノ浦
屋島
勝浦
一ノ谷
①源頼政の挙兵(1180.5)
⑦一ノ谷の戦い(1184.2)
⑧屋島の戦い(1185.2)
⑨壇ノ浦の戦い(1185.3)

一ノ谷の戦い

●1184（寿永3）年

源範頼・義経VS平知盛・忠度

平家の要塞〝一ノ谷城〟を落とした後白河法皇の謀略

●平家討伐をはかった後白河法皇

一ノ谷の戦いといえば、源義経の鵯越《ひよどりごえ》からの逆落《さかお》としの奇襲がよく知られる。だが現実には、義経の奇襲がなくとも、源氏軍は勝っていただろう。その裏には、平家の敗北を願う後白河法皇の陰謀が働いていた。

一一八四年（寿永《じゅえい》三）一月、鎌倉の源氏軍は木曾義仲を滅ぼした。その後の源氏軍は、頼朝の命令どおり、義仲の軍勢とちがって京都でも軍規をよく守り、すぐに平家軍と戦うため、摂津《せっつ》一ノ谷《いちのたに》（神戸市）に向かった。

この平家討伐は、後白河法皇からの希望でもあった。天皇家になくてはならない三種の神器は、平家の手中にあった。これを奪い返したかったのだ。

源氏軍の先鋒は、一月二六日には二手に分かれて京都を出発、一ノ谷を東西から攻めようとした。源範頼《のりより》率いる本軍五万六〇〇〇は山陽道を通り、一ノ谷の東、生田《いくた》の森に進出した。源義経率いる別働隊二万は、丹後《たんご》から大きく迂回《うかい》し、明石《あかし》海岸に出て、西から一ノ谷を攻める手はずだった。

平家陣西側の一ノ谷は、天然の城郭《じようかく》といってもよかった。南は海、北にはけわしい山がある。東西にはバリケードを築かれている。この堅固な〝一ノ谷城〟を落とすため、東西挟撃《きようげき》の攻撃体制をつくろうとしたのだ。しかし、この挟撃計画は、平家の知るところとなる。一ノ谷の東側は平知盛《とももり》、西側は平忠度《ただのり》が大将として防衛にあたった。

一方の義経は、迂回の途中で手勢を二つに分けた。主力部隊は安田義定《よしさだ》を大将に、予定どおり須磨《すま》方面へ進軍する。みずからはわずかの手勢で別行動をとり、鷹《たか》取《とり》山に向かった。義経の読みでは、平家は東西に兵力を集中するだろうから、北の山側はがら空きになる。その北側のけわしい崖から一気に奇襲をかけ、平家軍を突きくずそうという作戦だ。

●思いもよらぬ攻撃を受けた平家は多くの武将を失った

二月七日は、源氏がかねてから決めていた決戦の日だった。この日の卯《う》の刻《こく》、東

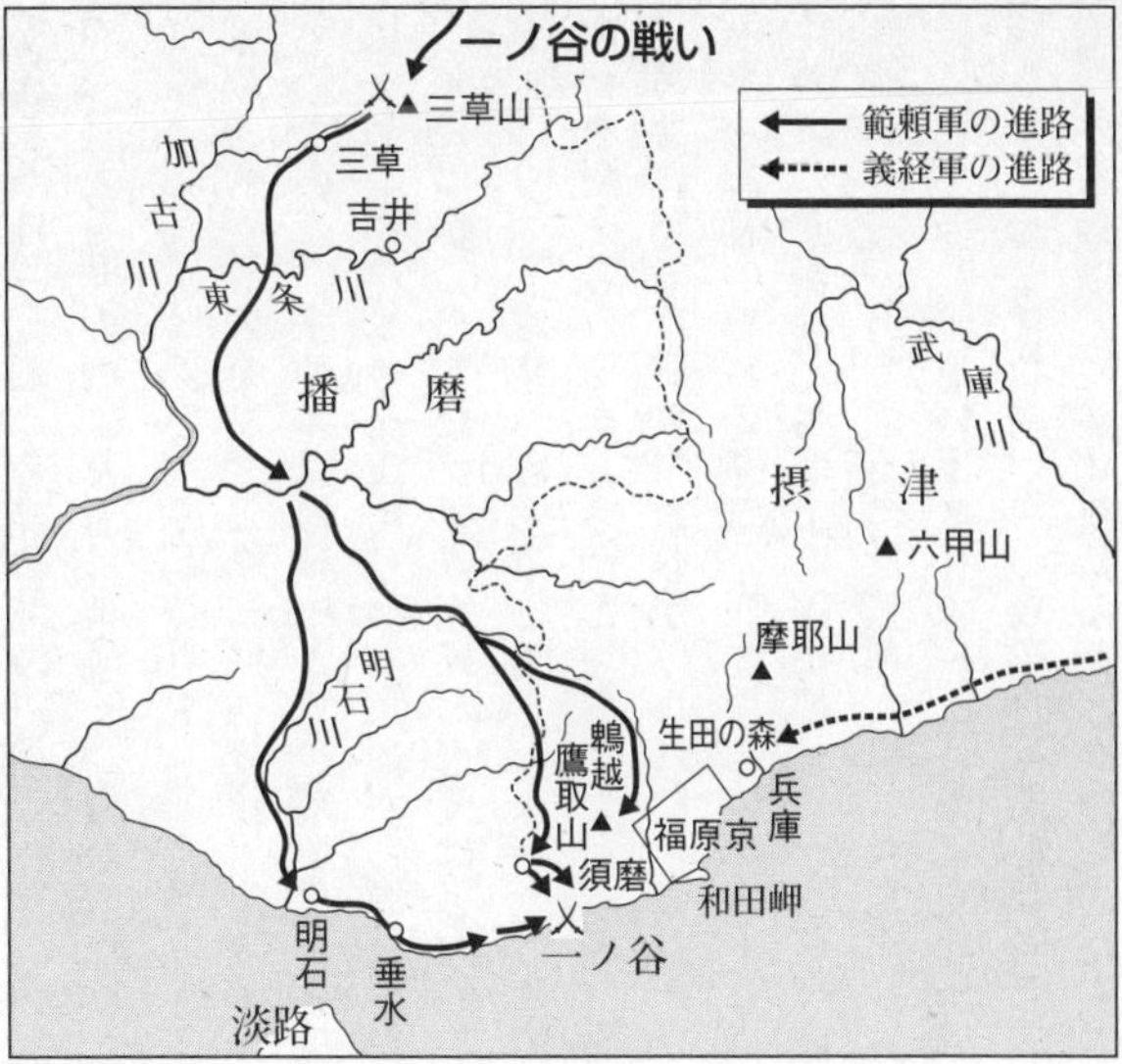

西から攻撃をしかけることになっていた。それが後白河法皇の謀略によって、源氏も予期せぬ奇襲攻撃となった。

　後白河法皇は、直前に平家に和睦《わぼく》を勧告、和平がととのうまで戦ってはいけないと申し渡していた。八日には和平使者が派遣されることになっていて、平家は警戒レベルを落とし、使者を待っているところだった。

　その一方、源氏には和睦のひと言もいっていない。後白河法皇は一ノ谷の堅固なことを知っていた。三種の神器を取り返すため、平家をだまし、源氏に奇襲をかけさせようと謀《はか》ったのだ。

二月七日卯の刻よりも一刻早く、西から攻め入る安田義定軍から抜け駆けが出た。熊谷直実《くまがいなおざね》、直家《なおいえ》親子らが先陣をあせるあまり、平家軍を攻めはじめたのだ。平家軍は停戦中と思っているから抵抗もしない。これを皮切りに、東西から源氏軍が一気に攻撃してきた。平家軍にとっては思わぬ攻撃であり、平家軍はみるみる劣勢となった。この劣勢を耐えきれるかどうかというとき、今度は北から義経軍の奇襲攻撃がしかけられた。これが、有名な義経の鵯越の逆落としである。

義経の向かった鷹取《たかとり》山には鵯越というけわしい峠があった。馬で下るのは無理と思われたが、実際に馬を一〇頭追い落としてみると、三頭は無事降りた。そこで鵯越からの攻撃を可能と判断し、義経の軍勢は、崩壊《ほうかい》寸前でなんとか持ちこたえて

いた平家軍めがけて舞い降りたのである。

この義経の奇襲で平家軍は完全に崩壊、兵は海に逃げはじめた。彼らが乗った船は、あまりに人が乗りすぎたため、何艘も沈没したという。富士川の合戦以来、源氏軍と戦ってきた平忠度をはじめ、平家の武将の多くがこの戦いで戦死した。

この戦いのなか、有名な「敦盛《あつもり》」のエピソードも生まれている。笛の名手でもある平敦盛は、沖の船まで馬で泳がせていたが、熊谷直実に発見された。直実が敦盛に引き返して戦うよう叫んだところ、敦盛は潔く引き返し、直実と組み打ちした。

直実は敦盛を組み敷いて、首を掻《か》こうと兜《かぶと》を取ったとき、相手がまだ一五、六歳の若者と知った。自分の息子と同じような年齢の若者は殺せない。見逃そうとしたものの、味方の手勢も迫ってくる。やむなく敦盛の首を掻き切り、直実は涙したという。

その後、直実は武士の世の無情を感じ、出家する。そして敦盛の名は『平家物語』や、室町時代の舞曲・幸若舞《こうわかまい》に残り、四世紀を経たのち、織田信長に好んで謡《うた》われることになる。

この戦いを謀略であやつった後白河法皇だが、三種の神器はすでに船の上にあり、奪還《だっかん》はかなわなかった。

屋島の戦い

1185（元暦2）年

源義経VS平宗盛
奇襲の天才・源義経が真骨頂を見せた戦い

●わずかの兵で勝った義経

源義経といえば、智略《ちりゃく》にすぐれた名将とされるが、じつは大将の器《うつわ》とはいえそうもない。壇ノ浦《だんのうら》（関門海峡）の戦い以外では、義経は大将としての働きをしていない。義経の本質は、わずかの手勢を率いての奇襲を得意とする一匹狼に近い武者だ。屋島《やしま》（高松市）の戦いでは、その義経の本質と天分がいかんなく発揮された。

源氏は一ノ谷の戦いで大勝したが、平家を一気につぶすことはできなかった。頼朝は、源範頼《のりより》を大将に指名し平家軍と戦わせていたが、苦戦がつづく。この間、義経は京都の治安維持を命じられていた。一一八五年（元暦《げんりゃく》二）、頼朝は平家の本格的討伐を決意。義経を平家追討使に任じ、梶原景時を軍目付《いくさめつけ》として派遣した。

二月一六日、義経の軍は摂津《せっつ》（大阪・兵庫南東部）に集結し、平家の主力が陣取る屋島攻略の軍議を開いた。このとき、義経と梶原景時は対立する。義経軍に集まったのは坂東武者たちであり、船の戦いは苦手である。そこで景時は、船に「逆櫓《さかろ》」を取りつけることを提案する。船の舳先《へさき》と艫《とも》の両方に櫓《ろ》をつけ、脇梶をつければ、退《ひ》くこともできるし、左右どちらにもまわせるようになるというのだ。

義経は「戦う前から逃げ支度とは、何ということか。方々《かたがた》の船には逆櫓をつけてかまわないが、義経の船に本来の櫓一本で十分だ」と怒り、景時は「そんな頑固《がんこ》で融通のきかないのは猪武者のすることで、大将の器量ではない」と反論した。

景時の言葉は義経の本質を突いており、これに対し義経は「猪だろうが鹿だろうが、合戦は攻めて勝つからおもしろい」といい放ち、互いにののしり合いとなった。

その夜は暴風雨が吹き荒れ、源氏方が用意した船に破損《はそん》が出て、出航は無理と思われた。ところが、熱くなった義経は、わずか五艘、一五〇の兵で風雨の中を出撃した。その風雨こそが、奇襲の成功要因になると考えたのだ。だが、義経は、すでに大将としての信頼を失っていて、大半の武士は義経に付き従わなかった。

●平家は、義経の奇襲の前に根拠地を失った

二月一七日朝、義経の船は四国・阿波勝浦《あわかつうら》に着いた。そこから六〇キロ先に屋島

があり、一九日朝、義経の部隊は平家の陣の背後にまわった。平家は何の警戒もしていない。義経は民家に火を放ち、平家の陣に襲いかかった。

火が放たれたことで、平家軍は源氏の大軍による奇襲と錯覚し、多くが陸地を捨て船に乗り込んだ。平家軍の損害はわずかだったが、根拠地・屋島を乗っ取られた。船に移って冷静になった平家軍は、義経の手勢が少ないことに気づき、逆襲に転じた。船から弓で攻撃し、義経も弓の的《まと》になった。義経をねらった矢に気づいた佐藤嗣信《つぐのぶ》は、みずから身代わりになって矢を受け、戦死している。

それでも平家は、完全には返せきれない。夕刻、両軍は兵をいったん退かせた。

このとき、源平合戦のなかで、後世に語り継がれる弓合戦がおこなわれた。平家方から一艘の小舟が源氏方の前にあらわれ、その舳先には日の丸を描いた扇《おうぎ》がつけられていた。舟の女官は、これを射よと手招きした。

源氏方の弓の技量を試そうとする挑発に、義経は、弓の名手の那須与一《なすのよいち》を指名した。その距離は六〇メートル前後。馬上から波間の的をねらうという至難《しなん》の業《わざ》である。那須与一は八幡大菩薩に祈り、矢を放つと、見事に扇を射抜いた。源氏勢は、矢を入れる容器・箙《えびら》を叩いて喜び、敵である平家も船端を叩いてほめたという。

ただ、この話には無残なつづきがある。那須与一の技を讃えて、平家の老武者は舟上で舞を披露した。そのとき、先ほどの命中がまぐれでないことを証明したいばかりに、義経は与一にこの老武者も射させたのだ。これは、当時の暗黙の掟《おきて》を破ったもので、ここでも義経の大将としての資質が問われることになった。

そこから、合戦がふたたびはじまり、激戦のなか義経は、海中に自分の弓を落としてしまう。それを平家の武士が熊手で引き込もうとし、義経は自分の弓を奪われまいと、危険を省みず、みずから拾いにいこうとする。味方の手勢が止めたところ、義経は「こんな弱い弓が敵の大将の弓と嘲《あざけ》られたのでは、末代《まつだい》までの恥」といったという。義経のプライドと依怙《いこ》地さを物語る逸話《いつわ》である。

平家の屋島逆上陸をめざす戦いは、その後数日間つづくが、平家は義経側の守りをくずすことができなかった。やがて、梶原景時らの源氏本隊が屋島に到着。平家は屋島奪回をあきらめ、さらに西に逃れていった。

屋島の陥落で平家のイメージは地に墜《お》ち、味方をする豪族もほとんどいなくなった。瀬戸内から紀伊にかけての水軍も源氏に味方し、西日本の制海権も源氏のものになった。

平家滅亡が時間の問題になってきたのだ。平家は、この戦いでもまた義経の奇襲に、取り返しのつかない傷を負わされたのである。

壇ノ浦の戦い

源範頼・義経VS平宗盛

西海に消えた平家の最期

●1185（文治元）年

●平家の短期決戦の戦略

源平の合戦には、のちの合戦とちがって、戦う者同士に暗黙のルールがあった。武士道のルーツともいうべきその掟《おきて》は、血なまぐさい戦いに一種の品位をもたらしていたともいえる。しかし、源平最後の壇ノ浦《だんのうら》の合戦では、そのルールが踏みにじられる。義経は、暗黙のルールを破り、合理主義に徹して大勝利をおさめる。

屋島陥落後、平家の根拠地は長門彦島《ひこしま》（山口県）を残すのみとなった。勢いに乗る義経の軍勢は、屋島の合戦からわずか一か月後の一一八五年（文治《ぶんじ》元）三月、平家の彦島に迫った。義経側の船は八〇〇艘、対する平家軍は五〇〇艘と、源氏はすでに海上でも平家を圧倒していた。伊予（愛媛県）の河野水軍や紀伊（和歌山県）の熊野水軍、下関の串崎水軍が勝ち馬に乗るように、義経軍に味方していたのだ。

陸からは源範頼の軍勢が彦島付近に迫り、平家は水陸両面から追い立てられていた。さらに平家の陣容《じんよう》は、源氏にすべて漏《も》れていた。平家水軍の中核であった阿波水軍の田口重能《しげよし》が陰で寝返っており、平家の動きを源氏方に伝えていたのである。ただ、平家方の大将である平知盛は、田口重能の裏切りに気づいていた。知盛は、田口重能を処刑するよう平氏の総帥である兄・宗盛に求めたが、宗盛は聞き入れなかった。

裏切りの危機を感じつつも、知盛には勝算があった。壇ノ浦の海峡は、午前中は潮が東へと流れる。その潮の流れを利用し、短期決戦で義経軍を叩く作戦を立てていたのである。

義経をおびきだす手も打ってあった。平家軍は三陣に分かれ、安徳《あんとく》天皇が乗っていると見せかけた唐船を第二陣と第三陣の間に浮かべた。こうすれば、安徳天皇の身柄と三種の神器を確保したい義経の軍勢は、唐船に迫ってくるだろう。平家水軍は左右から包囲し、つぶしていけばいいというわけだ。

●義経の掟破りに阻まれ、平家は滅亡

三月二四日早朝から、源平両軍は海峡で激突した。序盤《じょばん》の戦局は、平知盛が立てた作戦どおりに進行した。義経の水軍は単縦陣で、三浦水軍が先陣となって突き進んできた。一方、平家の水軍は左右に広がり、中央に三浦水軍を通して、横から弓矢を浴びせかけた。こうして源氏の船は、平家陣内につぎつぎと突き進んでは、平家の水軍に打ち破られていった。

義経はこの劣勢に一計を案じた。平家の水軍の楫取《かじとり》、つまり操舵者《そうだしゃ》を射るよう指示したのである。これは、当時の戦いの掟を破るものだった。

陸上の戦いで馬を射るのは卑怯《ひきょう》とされたのと同じく、非戦闘員である船の操舵者を射ることは、してはならないことだったのだ。義経は、その掟を破らなければならないほど、追いつめられていたともいえる。

当時、船の楫取は鎧も兜もつけていない無防備状態だった。彼らを弓で射るのはたやすく、平家の船は操舵者を失って、漂流しはじめた。

こうして平家が序盤の勢いを失ったところで、潮の流れが変わった。それを見計らって、田口重能の水軍が源氏側に公然と寝返った。平家の船はいよいよ源氏軍に追い立てられ、弓を浴びせかけられた。苦しまぎれに陸地に近づこうものなら、陸から範頼軍の弓が降ってきた。

ここへ来て平知盛も、敗北をさとった。安徳天皇座乗の船に乗り移り、まずは船

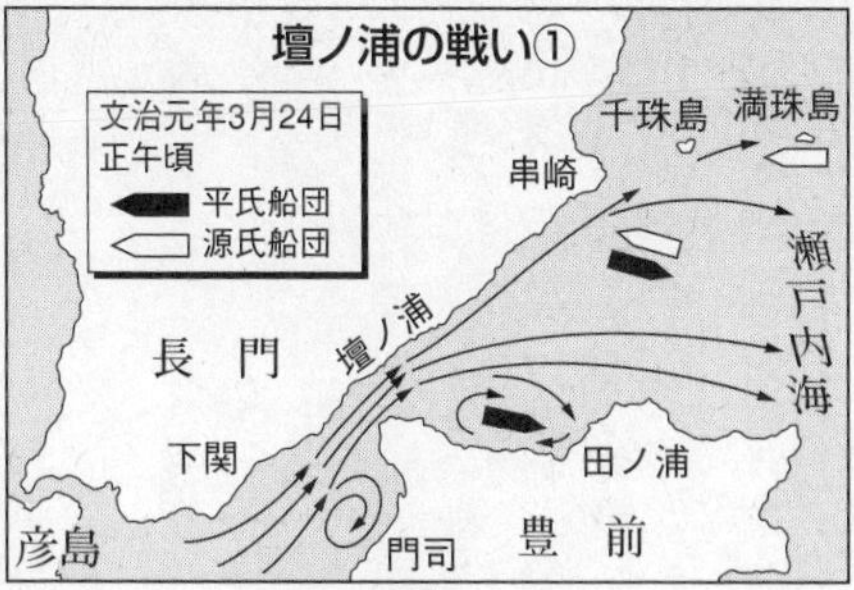

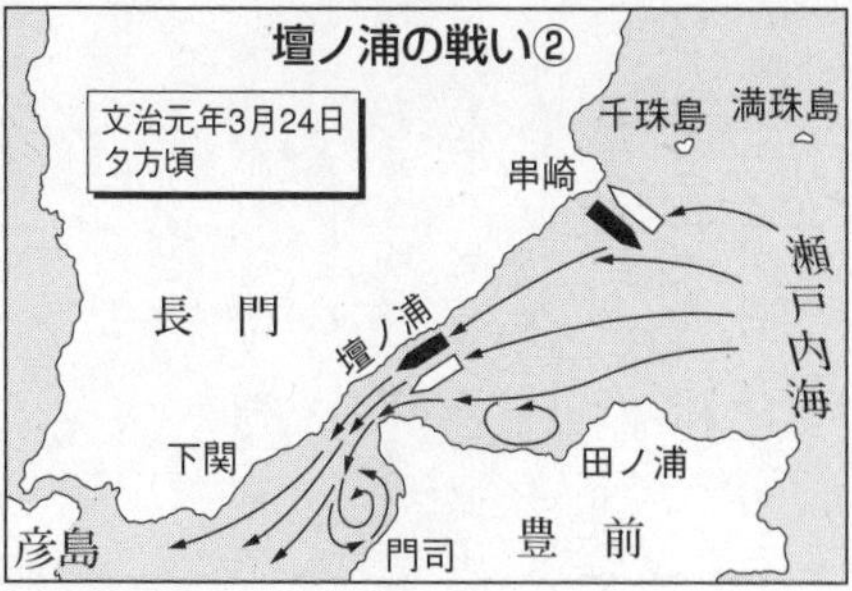

内を掃除したあと、「もはや気がかりなことはない」と言い残し、海に沈んでいった。知盛の部下の武士たちも、主人の死につづいた。平清盛の妻・時子《ときこ》は幼い安徳天皇を抱き、入水《じゅすい》した。一門の多くが入水していくなか、総帥《そうすい》の宗盛だけは捕虜となり、鎌倉に連行される途中で殺された。

こうして、義経は平家を滅ぼしたが、それは手放しの勝利とはいえなかった。安徳天皇の奪還に失敗したばかりか、後白河法皇が望んでいた三種の神器も完全には奪い返せなかった。神鏡と神璽《しんじ》は奪還したものの、宝剣だけはいくら探しても見つからなかったのだ。

高館の戦い

源義経VS源頼朝
兄頼朝に滅ぼされた義経

●1189（文治5）年

●義経を追いつめる頼朝

一一八五年（文治元）三月、源義経は、壇ノ浦で平家を討ち滅ぼし、得意の絶頂にいた。しかし、新たな敵が身内から生まれていた。兄・頼朝である。

まず攻勢に出たのは、頼朝側である。四月に入ると、頼朝は、自分の許可なく朝廷から官位をもらった御家人に対して、もし美濃墨俣《すのまた》より東にくるのなら、その所領は没収のうえ、斬罪《ざんざい》に処すと発表した。義経は、すでに朝廷より検非違使《けびいし》の官を受けていたため、この罪に該当《がいとう》することになった。さらに頼朝は、義経に対し、御家人に対する指揮権を取り上げるとも伝えた。

頼朝が義経排除の決意をかためたのは、源平合戦のさなか、頼朝から軍目付として派遣された梶原景時《かじわらかげとき》と何度も対立したからだという説がある。梶原景時の讒言《ざんげん》を頼朝が取り上げたという説である。

ほかにも、御家人衆が義経をこころよく思わなかったという見方もあれば、後白河法皇に利用される義経を、頼朝が苦々しく思っていたからという説もある。

いずにせよ、義経は、頼朝の真意をはかりかね、官位を捨てないままに東へ向かうが、途中で頼朝の家臣に足止めされる。義経は、鎌倉近くの腰越《こしごえ》で、頼朝宛の書状を送るが、これも頼朝に無視され、義経は怒りを抱きながら京都に帰る。

●頼朝追討の院宣でも、義経に軍勢は集まらず

やがて義経は、頼朝打倒を決意する。後白河法皇を頼り、一〇月一六日、頼朝追討の院宣《いんぜん》を発せられた。そのとき義経は、院宣に加え、自分の軍事的成功を考えれば、頼朝追討の大軍がすぐに集まるだろうと甘く考えていた。しかし現実は厳しく、兵が集まらないばかりか、これまでの味方からも離反者が出はじめた。

当時の武士たちは、義経の軍事的成功や才能を、現代ほど高く評価していなかった。しょせんは奇襲を得意とする一騎駆けの武者で、一軍の将の器とは思われていなかった。大将の器として圧倒的な支持を集めたのは、鎌倉の頼朝のほうだった。

頼朝は大軍を京都に送る準備をすすめ、京都の義経を威圧した。義経はやむなく

都落ちを決意し、西をめざして、摂津大物浜《せっつおおものはま》から船に乗り込む。ところが、途中で暴風雨にあって船が難破、義経一行は散り散りになり、東北へ逃亡した。

義経が最後に頼ったのは、奥州平泉《おうしゅうひらいずみ》の藤原秀衡《ひでひら》だった。秀衡は、若いころの義経を手元に置いていたことがあり、喜んで義経を迎え入れてくれた。義経の平泉入りは、一一八七年(文治三)春のころとされる。

頼朝は、義経の奥州入りの知らせを聞き、義経追討の院宣を朝廷を通じて藤原秀衡に送った。しかし、秀衡は知らぬ顔で、院宣を無視した。ところが一〇月、藤原秀衡が急死する。秀衡は、次男の泰衡《やすひら》に家督《かとく》をゆずり、長男・国衡《くにひら》と泰衡、それに義経の三人が協力して頼朝を倒すよう遺言を残した。ところが、泰衡は、頼朝の仕組んだ義経追討の院宣がくるたびに、遺言に従うべきかどうか悩みはじめる。

一一八九年(文治五)閏四月、頼朝は奥州遠征の計画を発表し、泰衡をさらに追いつめた。泰衡は、義経を亡き者にすれば攻められることはないと考え、閏《うるう》四月三〇日、五〇〇の兵を高館《たかだて》の義経に向けた。

このとき、義経方には戦える者がわずか八人しかいなかったという。勝負ははじめからついていた。義経と生涯行動をともにしたといわれる弁慶《べんけい》は、多数の矢を浴び、立ち往生死。義経は、妻や子を先に殺したのち自害した。

◉三章

幕府と朝廷の驚くべきゲリラ戦！

鎌倉武士の登場から室町幕府の失墜へ

文永・弘安の役

●文永の役　1274(文永11)年
●弘安の役　1281(弘安4)年

北条時宗VS元軍
世界帝国・元を水際で迎え撃った大防衛戦

●元の大軍が博多に来襲

文永《ぶんえい》・弘安《こうあん》の役《えき》は、世界帝国といえる巨大国家を撃退した戦いである。

一三世紀、ジンギスカンを祖《そ》とするモンゴル帝国は、ユーラシア大陸で膨張《ぼうちょう》を重ねていた。アラビアやロシアの勢力も、ヨーロッパ騎士連合軍も、中国北部の金軍も、朝鮮半島の高麗《こうらい》軍も、モンゴル軍の前に敗れ、ほぼすべてが征服された。北中国も制覇《せいは》したモンゴルのフビライは、国号を元《げん》として、日本に暗に服属を求める国書を送ってきた。

鎌倉幕府の執権《しっけん》・北条時宗《ときむね》は、これに返答しなかった。東アジアで唯一《ゆいいつ》従わない日本に対して、元は遠征軍を派遣することにした。すでに高麗で、多数の軍船がつくられていたのである。

一二七四年（文永《ぶんえい》一一）一〇月三日、元軍の兵二万八〇〇〇、戦艦九〇〇隻《せき》は高麗の合浦《ガッポ》を出発。対馬《つしま》、壱岐《いき》を襲い、博多《はかた》湾に向かった。対馬、壱岐では、男は殺されるか捕らえられ、女は生《い》け捕《ど》りにされた。彼らの手には穴を開けられ、そこに綱《つな》を通して船に運び込まれた。

鎌倉幕府は、以前から元軍の動きを予測し、前年から九州北部の守護らに防衛に当たるよう指示していた。九州に所領をもつ関東の御家人《ごけにん》もまた、九州へと向かった。

一〇月二〇日、元軍は博多湾西岸に上陸、日本の武士たちと戦った。戦いは鉄炮や毒矢もつかう元軍の圧勝で、博多湾岸に橋頭堡《きょうとうほ》を築かれた。

劣勢をさとった日本勢は、いったん太宰府《だざいふ》まで退く。相手が地勢を知らない内陸部まで引き込み、迎え撃つことにしたのだ。ところが翌二一日朝、元軍の姿はなかった。元軍は橋頭堡を捨てて船に移り、帰還してしまったのである。

これが、一日の戦いで終わった文永の役である。文永の役では、夜に博多湾を台風が襲ったため、元軍の船の多くが沈没したという言い伝えがある。台風が神風となって日本は救われたというのだが、これは後世の作り話のようだ。

この日はいまの太陽暦では一一月下旬にあたり、西日本に台風がくることはない。他の史料をあたっても、暴風雨の記録はなく、文永の神風は江戸時代に創作された話のようだ。

元軍が撤収《てっしゅう》した理由は、いまだ謎である。無理に攻めるよりも一度引き返したほうがいいと判断した、高麗の船乗りに置き去りにされるのをモンゴル兵が恐れたなど諸説ある。

●博多湾上陸を阻止された元軍を、台風が襲った弘安の役

文永の役で元軍に苦戦した鎌倉幕府方は、再来襲に備え、博多湾に防塁《ぼうるい》を設けた。一方、文永の役で日本勢の手の内を知った元は、ふたたび日本遠征を計画する。その間に、元は版図《はんと》を南宋まで拡大したため、今回は高麗に加え、旧南宋軍も遠征

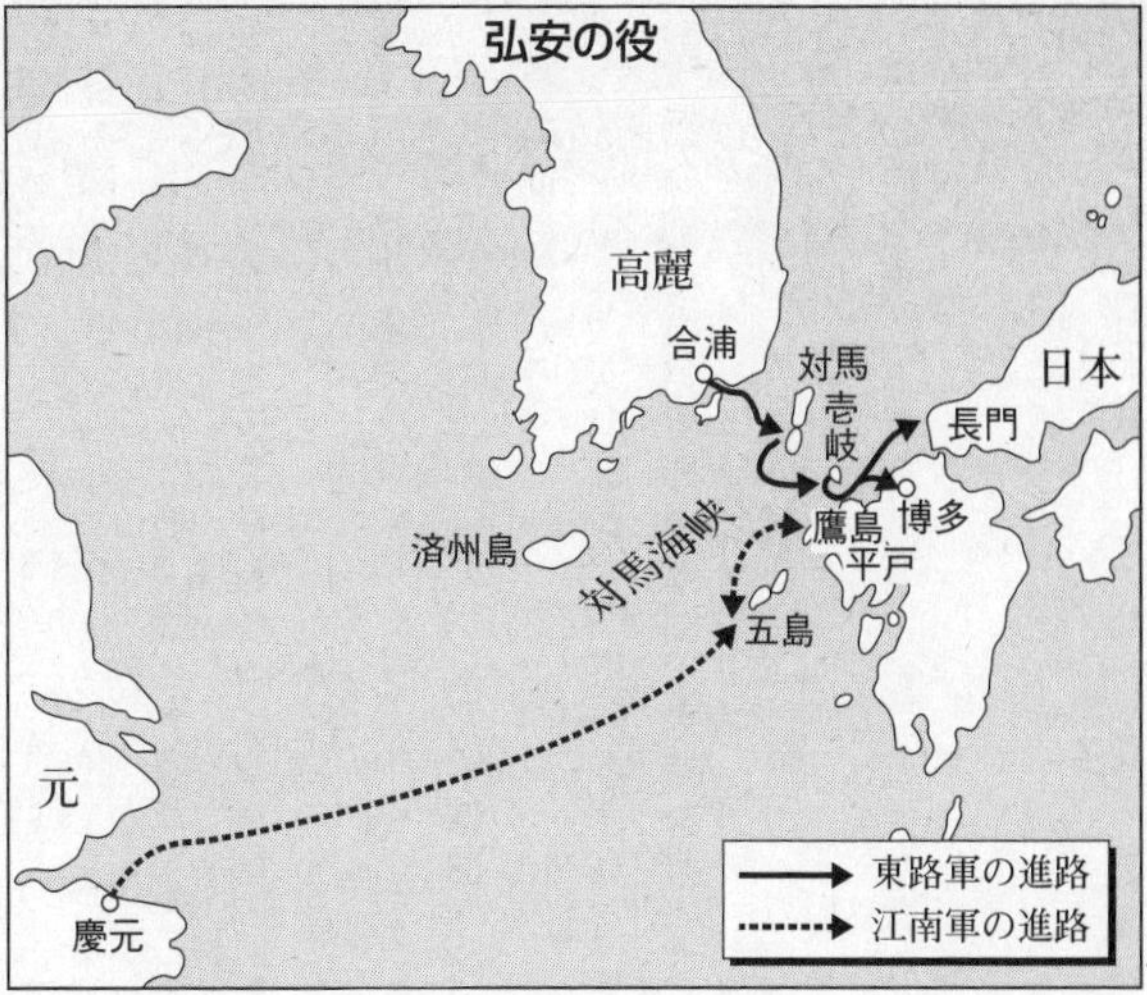

に参加した。

一二八一年（弘安《こうあん》四）五月三日、高麗の合浦から東路《とうろ》軍が出撃。これに遅れること一か月あまり、六月中旬に中国の慶元（寧波）から江南《こうなん》軍が出撃した。総勢は一五万前後といわれる。

江南軍の出撃が遅くなったため、先に日本上陸をめざす東路軍が、まず文永の役と同じく博多湾にあらわれた。だが、博多湾岸の守りがかたいことから、上陸作戦をあきらめ、博多湾の北に浮かぶ志賀島《しかのしま》に橋頭堡を設けた。

六月六日夜、日本方は小舟に乗り、志賀島周辺に浮かぶ元軍の船に夜襲をかけた。

日本勢は元軍の船に火を放ち、乗り込んでは斬りかかって戦果《せんか》をあげた。これに対し、東路軍も翌日以降、用心するようになった。日本側が夜襲を繰り返すたび、双方損害が増えたが、それでも夜襲はつづいた。

その一方で六月八日、日本勢は、志賀島から連なる細長い砂州《さす》である海の中道を通って、志賀島に攻撃をしかけている。志賀島をめぐっての激戦は、二日つづいた。

この博多湾周辺の戦いで、東路軍は博多湾上陸を一時断念。志賀島を捨て、肥前《ひぜん》鷹島《たかしま》方面に向かう。

六月中旬には江南軍も、平戸から五島列島の沖合に集結をはじめる。六月末、江南軍の一部と東路軍の一部は、壱岐を襲っている。壱岐を守るのは、文永の役のときにも活躍した少弐《しょうに》資能《すけよし》ら。薩摩の島津氏や松浦党、竜造寺《りゅうぞうじ》氏らも駆けつけ、激戦となった。

その後、東路軍と江南軍は平戸《ひらど》方面で合流、七月二四日から肥前鷹島沖に停泊をつづけた。

そのとき、博多湾への上陸作戦が練られたと思われるが、両軍は、なかなか動こうとしない。東路軍のほうは、日本を攻めはじめてすでに二か月がたち、疲労もたまっていた。

閏《うるう》七月一日、強風が吹き荒れた。太陽暦では八月中旬であり、台風のシーズンである。台風性の強い暴風雨が北部九州を吹き荒れたのだろう。元軍の船の多くが破損し沈没、あるいは漂流してしまった。

元軍はここに完全に崩壊し、船は逃走。日本勢は逃げ後れた兵の掃討《そうとう》戦を繰り広げた。

鷹島から平戸にかけては多くの元兵の遺体が打ち上げられ、さらにはすさまじい量の漂流物が打ち上げられた。これが、弘安の役である。

元の日本遠征は、この弘安の役以降も計画されるが、各地で反乱があったため、結局、三度目の遠征はなかった。

台風や世界情勢に助けられながら、日本勢は国土を守り抜いたのである。

笠置山の合戦

後醍醐天皇VS鎌倉幕府
幕府打倒にしかけた陰謀の果ての戦い

●1331(元弘元)年

●皇位継承をめぐる争いの始まり

後醍醐《ごだいご》天皇といえば、建武《けんむ》の新政《しんせい》により、武家から権力を一時奪還《だっかん》した天皇として知られる。この後醍醐天皇、ある意味、怪人物だったといえ、人々をひきつける圧倒的な人間的魅力をもつと同時に、凄腕《すごうで》の陰謀家でもあった。そんな後醍醐天皇の戦いを象徴するのが、笠置山《かさぎやま》の合戦だ。

一三一八年(文保《ぶんぽう》二)に即位した後醍醐天皇にとって、最大の敵は鎌倉幕府だった。鎌倉の武家政権を倒し、天皇の親政に戻したいと考えた後醍醐天皇は、鎌倉幕府の打倒を企《たくら》みはじめる。

そこには、天皇即位問題がからんでいた。当時、天皇家には持明院統《じみょういんとう》と大覚寺統《だいかくじとう》の二つの系図があり、交互に皇位につくことが決まっていた。もともとは大覚寺統の系図が本流だったが、鎌倉幕府の取り計らいによって持明院統が割り込んできたのだ。大覚寺統の後醍醐天皇には、これが不満だった。その不満を解決するためにも、皇位継承に口出しする鎌倉政権を倒すしかなかった。

後醍醐天皇は同志をひそかに集め、裸同然で美女をはべらせながら密議をおこなったという。一三二四年（元亨《げんこう》四）九月二三日、北野祭の当日が蜂起《ほうき》の日と決まったが、密告によって失敗する。これが、世にいう「正中《しょうちゅう》の変《へん》」だ。

正中の変で挫折した後醍醐天皇は、ふたたび倒幕計画をめぐらす。まずは皇子・尊雲を比叡山に送り込み、天台座主とした。さらに、奈良の寺社と関係を深め、比叡山と奈良の僧兵の力をあてにしようとした。

●敗北した後醍醐天皇は、隠岐へ島流し

しかし、寺社勢力と結んで幕府を倒す計画は、またも密告により、幕府の知るところとなる。そこで、後醍醐天皇は一三三一年（元弘《げんこう》元）八月二四日、ひそかに京都を脱出し、奈良に向かった。奈良の僧兵をあてにしてのことだったが、その多くは後醍醐天皇の味方にはならなかった。しかたなく、味方となった少数の僧兵とともに、笠置山《かさぎやま》に向かい、幕府軍を迎え撃つ準備をととのえる。

その一方、花山院師賢《かざんいんもろかた》に天皇と偽《いつわ》らせ、比叡山に向かわせた。幕府にも比叡山側にも、後醍醐天皇が比叡山に行幸すると見せかけたのだ。笠置山での挙兵のため、時間をかせぐためである。

後醍醐天皇の比叡山行幸の知らせに、比叡山では、後醍醐天皇を迎えて幕府軍と戦う用意をし、幕府も比叡山方面へ大軍を派遣した。比叡山の僧兵は、唐浜の合戦で幕府軍を破ったものの、後醍醐天皇が笠置山に向かった情報を知り、戦意を失う。比叡山側は退き、比叡山と幕府の戦いは終わった。

幕府軍は、後醍醐天皇の身柄を確保すべく、笠置山に向かった。幕府は、正中の変につづく天皇の謀叛《むほん》に示しをつけるため、大軍を笠置山周辺に集めた。しかし、笠置山は天然の要害《ようがい》である。九月一日には抜け駆けをたくらんだ武将が攻撃をしかけたが失敗。六日には幕府軍が総攻撃をしかけるが、それでも笠置山は落ちない。笠置山はけわしく、鉄砲のないこの時代、大軍をもってしても簡単には落とせなかった。

後醍醐天皇のもくろみは、笠置山での戦いを長引かせ、反幕府勢力の蜂起《ほうき》を誘うことにあった。そのもくろみは一部当たり、九月一一日に河内赤坂で楠木正成《くすのきまさしげ》が挙兵、一三日には備後吉備津《びんごきびつ》で桜山四郎《さくらやましろう》が立ち上がった。その後、正成は、幕府の屋《や》台骨《たいぼね》を揺らす最大の敵となるが、この時点ではまだ微々たる勢力だった。

この河内と備後での蜂起に、幕府はあわてた。笠置山の後醍醐天皇を放っておくと、第三、第四の蜂起が起きかねない。笠置山を一刻も早く落とす必要があり、東国からつぎつぎと軍を送りこんだ。そのうえで、備中から来た陶山義高らは、側面からの奇襲を考えた。

笠置山の北側は絶壁であり、後醍醐天皇方も警戒を怠《おこた》っていた。九月二八日、その北側の絶壁から奇襲をしかけると、笠置山はあっけなく落ちた。

約一か月の笠置山籠城で、立ち上がったのは楠木正成をはじめ、わずか二つの勢力にすぎなかった。頼みの比叡山、奈良の僧兵は立ち上がらなかった。後醍醐天皇のもくろみははずれたのである。

後醍醐天皇は、笠置山から楠木正成の守る赤坂城をめざして逃亡するが、途中で幕府方に捕らえられた。これが「元弘《げんこう》の変《へん》」である。

幕府は、一三三二年三月、後醍醐天皇を隠岐《おき》に流罪と決定。佐々木道誉《どうよ》らの護衛のもと、後醍醐天皇は隠岐へと流された。

幕府は、後醍醐天皇に出家を求めたが、後醍醐天皇は拒んだという。それは、いまだに生臭い野望をあきらめていなかったためだった。

赤坂・千早の合戦

楠木正成VS鎌倉幕府
鎌倉幕府滅亡のきっかけとなったゲリラ戦

●1331（元弘元）年～1333（元弘3）年

●正成、赤坂城で兵をあげる

楠木《くすのき》正成《まさしげ》は、日本合戦史上、屈指《くっし》の名将として名高い人物。ただ、その素性はよくわかっていない。もとは河内《かわち》で狼藉《ろうぜき》まで働く、悪党だったといわれる。その正成の名が一躍、日本全国にとどろくのは、赤坂《あかさか》・千早《ちはや》の城（大阪南河内郡）にわずかの手勢で立てこもり、鎌倉の大軍を一手に引き寄せたうえ、一歩も退かなかったことからだ。

一三三一年（元弘元）九月、後醍醐天皇は鎌倉幕府に対して蜂起の兵をあげ、正成はこれにつづいた。九月一一日、正成は赤坂城で蜂起した。

正成がなぜ挙兵したかも、はっきりとわかっていない。後醍醐天皇の倒幕計画に初期段階から加わっていたという説もあれば、尊皇の心から後醍醐天皇の味方にまわったという説もある。また楠木一族は、金剛山の水銀の採掘権や河内の用水権を握り、商業活動を盛んにおこなっていたといわれる。商業活動のどこかで、鎌倉幕府と対立していたという見方もある。

九月末、後醍醐天皇がこもる笠置山は落ちたが、正成のいる赤坂城は健在だった。笠置山を落とした幕府の大軍は、今度は赤坂城に向かい、包囲する。楠木勢はここで粘《ねば》ったものの、籠城《ろうじょう》の用意が十分ではなかったため、水源を絶たれ、正成は赤坂城の放棄《ほうき》を決意する。一〇月二一日、赤坂城は落城、正成の手勢はひそかに落ちのび、姿をくらます。このとき、それまでの戦死者を一か所に集めて焼き、楠木軍全員が自殺したものと幕府に見せかけたという。

潜伏した正成は、再挙の準備に取りかかる。赤坂城から八キロ離れた千早城に目をつけ、ひそかに籠城の準備を進めていった。

●楠木軍の千早籠城が一日延びるごとに、幕府の寿命は縮んでいった

赤坂城落城から一年後、一三三二年一一月ごろから、楠木正成はふたたび動きはじめる。当時、後醍醐天皇は隠岐に島流しとなり、幕府に公然とはむかう者のない時代だった。一二月、正成は紀伊《きい》の伊都《いと》郡隅田荘を急襲し、兵糧《ひょうりょう》をかすめ取る。

この兵糧は、幕府から赤坂城の守りに任ぜられた湯浅宗藤《むねふじ》のところへいくはずのものだった。赤坂城の兵糧を奪《うば》い、その足で赤坂城を攻め、降伏させる。

翌一三三三年一月には、和泉《いずみ》の守護と河内の守護代を破り、南河内から和泉一帯を勢力圏に入れた。ここでも、籠城用の兵糧を確保した。

さらに、京都侵攻さえねらったため、ついに京都にある幕府の出先機関・六波羅《ろくはら》探題《たんだい》は、楠木軍討伐の兵を出した。楠木軍は、六波羅軍と正面からは戦わず、のらりくらりといなして六波羅軍を撤退《てったい》させた。

その後、赤坂・千早城の守りをかためて、鎌倉幕府軍の本格的な襲来に備えた。鎌倉幕府の大軍は、二月三日、まず赤坂城に向かった。赤坂城の激しい抵抗に手を焼くが、ふたたび水源を絶ち、二五日に赤坂城の軍勢は降伏した。

このあと、幕府軍は、千早城に対する本格的な攻撃を開始した。すでに籠城の準備を十分にととのえた山城《やましろ》だけに、大軍をもってしてもなかなか落ちない。

『太平記』は、楠木正成の奮闘を伝えている。藁《わら》人形に鎧《よろい》兜《かぶと》をつけて、本物の兵が城から討《う》って出たかのように見せかけ、攻めかかってくる幕府軍に上から石を落とす。ハシゴをつかってよじのぼろうとする幕府の兵に、松明《たいまつ》を投げつけ、油を吹きかける。正成の何でもありのゲリラ戦に、幕府軍は大いに手こずった。

幕府軍は、赤坂城を落としたのと同じく、水源を絶とうとする。東山麓《さんろく》に流れる水を水源とみて、ここに名越時有《なごしときあり》の軍三〇〇〇を送り込んだ。それでも、千早城の兵に喉《のど》の渇いた様子はない。千早城には湧《わ》き水が五か所あり、正成は事前にこのことを調べあげていたのである。また、大木をくり抜いた水槽を二〇〇〜三〇〇もつくり、水を溜《た》めていたとも伝えられる。そうとは知らない名越勢は、水源の防備にそのうち倦《う》みはじめた。そこを楠木軍が急襲、名越勢は潰走《かいそう》した。このとき、旗や陣幕まで奪《うば》われて、正成から笑い物にされてしまう。

幕府の大軍が手を焼きつづける姿を見て、吉野や十津川の悪党は、幕府の力がそれほどでもないことを知る。彼らは、幕府方の食糧などを各地でかすめ取り、幕府軍の士気《しき》を低下させた。幕府軍からも、脱走騒ぎが起きはじめていた。

千早城の合戦が長引くにつれ、幕府の権威は全国的に落ちていった。わずかな楠木勢を倒せない幕府を、全国の有力武将が見限りはじめたのだ。閏二月下旬、後醍醐天皇は隠岐を脱出し、伯耆《ほうき》の名和長年《なわながとし》を頼る。名和長年は船上山で挙兵、名和攻めを命じられた足利高氏《たかうじ》（後の尊氏）は四月二九日、寝返って京都の六波羅探題を攻めつぶした。五月には、新田義貞《にったよしさだ》が鎌倉を襲い、幕府を滅ぼしてしまった。

正成の籠城三か月は、日本史を一変させたのである。

稲村ケ崎の戦い

●1333（元弘3）年

新田義貞VS鎌倉幕府
鎌倉武士が見せた滅びゆく者の最後の抵抗戦

●新田義貞の挙兵

鎌倉、室町、江戸と歴代幕府のなか、一気に滅びたのは執権《しっけん》・北条氏が権力を握っていた鎌倉幕府だ。同時に、苛烈《かれつ》に戦い敗れ去ったのも、鎌倉幕府である。稲《いな》村《むら》ケ《が》崎《さき》の戦いは、滅びゆく鎌倉幕府最後の抵抗戦だ。

一三三三年（元弘《げんこう》三）、鎌倉幕府は窮地《きゅうち》におちいりつつあった。前年一二月、楠《くすの》木正成《きまさしげ》の手勢がふたたび暴れはじめ、この年二月には赤坂・千早城（大阪府）に立てこもった。幕府の大軍は手こずり、千早城は陥落《かんらく》の気配もない。わずかの楠木軍が幕府の大軍と互角に戦っていると噂《うわさ》が広まるほど、鎌倉幕府の地盤は弱くなっていった。

坂東の上野《こうずけ》国新田庄の豪族・新田義貞《にったよしさだ》は、幕府に命じられて西に向かい、千早城攻略にあたっていた。だが、幕府軍に見切りをつけ、途中、仮病を装い、帰国してしまう。このとき、義貞は、後醍醐天皇から倒幕の綸旨《りんじ》を得ていたとみられる。

義貞は、挙兵の機会をひそかにうかがっていたが、これに足利高氏が先行する。足利高氏は幕府の命で、伯耆《ほうき》（鳥取県）で挙兵した名和《なわ》征伐《せいばつ》に向かった。だが、四月下旬に幕府に見切りをつけ、寝返って六波羅探題を攻めつぶしたのだ。

六波羅探題の滅亡で、鎌倉幕府が危機に立たされたところに、五月八日、新田義貞が挙兵した。幕府は、金沢貞将《さだまさ》の軍五万余、桜田貞国《さだくに》の軍六万余を新田征伐に送り、一一日に新田軍と小手指原《こてさしはら》で戦う。合戦は数日間、一進一退の様相となり、増援を得た幕府軍は、いったんは新田軍を破った。しかし、その後、新田軍は援軍を得て、一六日、分倍河原《ぶばいがわら》の合戦で勝つ。幕府軍は、鎌倉まで退かざるをえなかった。

●干潮の稲村ヶ崎を、新田軍は突破

新田義貞軍は、五月一八日、鎌倉攻撃をはじめるが、鎌倉は攻めにくい土地である。北東西を山に囲まれ、南は海。攻め込むには、名越、朝比奈、小袋、亀ヶ谷、化粧坂、極楽寺、大仏坂の七つの切り通しのいずれかを突破しなければならない。

新田義貞は軍を三つに分け、配下の大館宗氏《おおだちむねうじ》を西の極楽寺坂へ、堀口貞満《さだみつ》を北の小袋坂へ向かわせ、自身は主力部隊を率いて、西北の化粧坂に向かった。

五月一八日からはじまった戦いでは、幕府方が健闘した。幕府軍は、切り通しのいずれか一つでも突破されると、もはや滅亡しかない。兵たちは必死で戦い、新田軍の突破を許さなかった。

最大の激戦地は、新田義貞本隊の攻めた化粧坂だったが、数に勝《まさ》る新田勢の損害は増えるばかりだった。

苦戦の義貞は、配下の手勢に稲村ヶ崎からの突破を試みさせた。しかし、稲村ヶ崎は鎌倉の西端の岬で、断崖が海に迫り、大軍勢が通り抜けることはできない。おまけに、幕府方は、稲村ヶ崎からの突破を警戒して、稲村ヶ崎沖に船を浮かべていた。稲村ヶ崎から突破しようとする新田軍に船から矢を放ち、進撃を阻止《そし》したのだ。

鎌倉攻めは、四日目の二一日になっても、新田軍の苦戦がつづき、極楽寺坂では新田方の主将・大館宗氏が戦死した。立て直すため、義貞自身が南下し、駆けつけたが、極楽寺坂を突破できそうにもない。

そこで、義貞はもう一度、稲村ヶ崎に目を向けた。極楽寺坂の南にある稲村ヶ崎を突破すれば、極楽寺坂の裏にまわることができる。稲村ヶ崎の突破方法として、今度は干潮時の侵攻をねらった。稲村ヶ崎は干潮時には干潟《ひがた》となるので、軍勢を一気に押し進めることができるというわけだ。

二二日午前三時ごろ、義貞率いる手勢は稲村ヶ崎に近づいた。ここで義貞は兜を脱ぎ、自分の黄金製の太刀《たち》を海に投げ入れ、竜神を拝んだと伝えられる。竜神はその願いを聞き入れ、稲村ヶ崎を干潟にしたという。兵の恐怖心を取り除くための義貞の演出だろう。そして、義貞の手勢は、妨害されることもなく、稲村ヶ崎を一気に抜け、由比ヶ浜《ゆいがはま》に進出。極楽寺坂の裏を攻撃したため、ついに幕府方の守りは決壊した。新田軍は大挙して鎌倉になだれこんだ。

すでに鎌倉攻防戦は大勢を決し、執権・北条高時《たかとき》も腹をくくっていた。高時は、北条氏先祖代々の墓のある東勝寺に向かい、切腹して果てた。高時にならい、多くの家臣たちもここで切腹し、鎌倉時代は終わった。

湊川の戦い

●1336（延元元）年

足利尊氏・直義VS新田義貞・楠木正成
義に命を捧げた楠木正成最期の戦い

●足利尊氏の挙兵

楠木正成という武将は、複雑な人間である。赤坂・千早の合戦では、わずかの手勢で、幕府の大軍を手玉にとる自由闊達な戦いをしかける。その一方、理不尽といえる命令を甘んじて受け、不器用で不可解な戦いをする。楠木正成最期の戦いとなる湊川《みなとがわ》の合戦は、正成の不可解な部分があらわれた謎の戦いといえる。

そのはじまりは、後醍醐天皇による建武の新政が、武士の不満を溜《た》め込ませたことにある。建武の新政に不満を抱く武士たちの代弁者として、足利尊氏が台頭。尊氏は一三三五年（建武《けんむ》二）一一月、後醍醐天皇に対して反乱の兵をあげた。足利軍は、後醍醐天皇方の新田義貞の軍勢六万七〇〇〇余を打ち破り、京都をめざす。

翌一三三六年（建武三）一月、危機に瀕《ひん》した後醍醐天皇は比叡山に移り、足利軍を京都で孤立させる戦術に出た。足利軍は京都で新田軍に敗れ、西へ敗走。二月一〇日には楠木正成の軍勢と摂津《せっつ》打出浜（神戸市）で戦い、これまた敗れた。このとき、楠木軍は尊氏にとどめを刺す機会があったが、正成は尊氏を逃がしている。

この後、足利軍は九州にまで落ち延びて、力を蓄えようとした。三月二日に多々良浜で、菊地武敏《きくちたけとし》の軍勢を苦戦のすえ破ると、九州一円は足利尊氏に力を貸す。九州で勢いを盛り返した足利軍は、ふたたび海陸両方から京都をめざした。

一方、足利軍を九州に追いやった後醍醐天皇方は、その後の追撃に失敗していた。新田義貞の軍勢は、西に向かったが、尊氏に味方する播磨《はりま》の赤松氏に白旗城で阻止された。結局、足利軍の東上を待つかたちになってしまった。

足利軍の襲来に対して、楠木正成は、後醍醐天皇に前回と同様の作戦を進言した。後醍醐天皇はふたたび比叡山に逃れ、巨大な足利軍を京都に引き入れ孤立させ、食糧ルートを絶とうというのだが、受け入れられなかった。

●新田軍が尊氏の船団の上陸を許した時、決着はついた

結局、正成は朝廷の命令で兵庫へ進出し、新田軍と合流して足利軍を迎え撃つことになった。このとき、正成はすでに負け戦と死を覚悟していたようだ。嫡子《ちゃくし》・正《まさ》

行《つら》と楠木軍の主力を根拠地の河内に残し、わずかの手勢で湊川《みなとがわ》（神戸市）に向かったのだ。

それは、謎の選択であった。正成は、もとは河内で自由に生きていた悪党である。その河内の悪党がなぜ朝廷の命令であれ、勝ち目のない戦いのために出撃しなければならなかったか。正成には、足利尊氏と組む選択肢《せんたくし》もありながら、そうはせずに死地に赴《おもむ》いた。

足利軍は、陸路を尊氏の弟・直義《ただよし》が率《ひき》い、海路を尊氏が率いた。正成は陸路から来る直義の軍勢を、新田義貞の軍は上陸してくる尊氏の軍勢を叩くことになっていた。足利軍総勢一〇万に、新田軍二万、楠木軍八〇〇といわれる。

五月二七日、湊川の合戦で最大の山場は、上陸をねらう尊氏軍の船団と、上陸を阻止《そし》しようとする新田軍のかけひきである。

足利尊氏軍の船団は、和田岬への上陸をねらうが、新田軍は弓矢を浴びせ、これを追い返した。

そこで、尊氏軍の船団は、さらに東側に上陸ポイントを探しはじめた。新田軍も尊氏軍の上陸を阻止するため、東へと移動した。

和田岬ががら空きとなったとき、尊氏軍の別働隊が和田岬に上陸をはじめた。あわてた新田軍が和田岬に戻りはじめたところで、今度は東から尊氏軍の主力が上陸をはじめる。新田軍は足利尊氏軍に挟《はさ》み打ちされ、敗走した。

一方、楠木軍は高取山に陣を張り、直義軍を引き止めていた。直義軍は正成の陣を破れずにいたが、新田軍の敗走によって楠木軍は孤立してしまう。側面から尊氏軍の攻撃を浴びると、楠木軍もくずれはじめた。

正成も弟正季《まさすえ》も、何度も足利軍に斬り込むものの、大勢は変わらない。覚悟を決めた正成兄弟は、民家に入り、ここで刺し違えて果てた。

このとき、七生報国の伝説が残っている。

正成が正季に最後の願いを尋ねたところ、正季は「七たび生まれ変わって朝敵を滅ぼしたい」と答えたという。

正成は静かにうなずいたと伝えられる。

応仁の乱

山名宗全VS細川勝元
次期将軍を巡る政治闘争が招いた果てしない戦い

1467（文正2）年〜1477（文明9）年

●日野富子の思惑が対立を生んだ

室町幕府八代将軍・義政《よしまさ》は、政治に興味がなく、銀閣寺を建てたあと、そこで隠《いん》居《きょ》同然の生活を送るつもりだった。将軍職は弟の義視《よしみ》にゆずろうとし、義視の後見人として、管領《かんれい》であり、当時最大の政治的実力者だった細川勝元《ほそかわかつもと》を指名した。

ちょうどそのころ、義政夫人の日野富子《ひのとみこ》に子・義尚《よしひさ》が生まれたため、次期将軍問題はややこしくなる。義尚を将軍にしたい富子は、管領・細川勝元に対抗できる大物として、山名宗全《やまなそうぜん》を頼った。二つの巨大派閥ができあがったのだ。

畠山家、斯波《しば》家内でも内紛が起きていたため、足利義視を擁立《ようりつ》する細川勝元には、斯波義敏《よしとし》、畠山政長《まさなが》がつき、足利義尚の後ろ楯《だて》となった山名宗全には、斯波義《よし》廉《かど》、畠山義就《よしなり》が味方した。この二大派閥は、問題を話し合いで解決できず、ついには武力による解決の道を選ぶことになる。

●勝者なき戦いは、やがて全国に及んだ

一四六七年（文正《ぶんしょう》二）一月一七日、まず畠山家の政長軍と義就軍が上御霊神社《かみごりょう》で衝突した。これが長い応仁の乱のはじまりである。

細川勝元軍、山名宗全軍は援軍を用意したが、細川軍と山名軍が正面衝突すれば、大戦争になりかねない。恐れた将軍・義政は、両者に加勢しないよう命令を出した。そのため、上御霊神社では畠山氏同士の合戦となり、義就方の勝利となった。

とはいえ、両派閥の力関係に動きはなく、両派閥はさらに軍事力を強化した。細川勝元、山名宗全の両者は、すでに退くことができず、全国から軍勢を募りはじめた。やがて堀川をはさみ、東の細川方に一六万、西の山名方に九万余の大軍が集結した。山名方は堀川の西に陣をしいたところから、「西陣《にしじん》」と呼ばれるようになり、いまもなおこの名は地名として残っている。西陣織で有名な西陣である。

細川方が山名方より多くの兵を集めることができたのは、上御霊神社の戦いで、自派の畠山政長軍が敗れたことへの反省からだった。

一方の山名方は、上御霊神社での勝利に浮かれ、後手にまわってしまった。

堀川をはさんでにらみ合った両陣営が動いたのは、五月二八日のこと。細川方が西陣に押し寄せ、火を放った。山名方もこれに応戦して、激戦が展開された。

それは、刀をふるっての白兵戦《はくへいせん》というより、弓矢合戦であり、火つけ合戦でもあった。この放火合戦のため、京都市中の多くの寺社が焼失することになった。

最大の激戦となったのは、同年一〇月三日の相国寺《しょうこくじ》の合戦である。そこには細川勝元の本陣があり、山名方は火を放った。相国寺もまた灰になってしまった。

乱がはじまって三年目の一四六八年（文明《ぶんめい》元）には、足利義尚が次期将軍と決定されている。これで、乱の最大の原因は解決されたはずなのだが、両陣営は引っ込みがつかず、依然として京都で対峙しつづけた。

両陣営の武士は戦いに倦み、戦意を失いつつあった。そこで両陣営は、浮浪人や盗賊を兵に雇うようになる。これが、足軽のはじまりでもある。

一四七三年（文明五）三月、山名宗全が死去、五月に細川勝元も死んだ。両陣営のトップがいなくなったことで、ようやく翌一四七四年に講和となった。

それでも、畠山義就と政長の私闘は一四七七年までつづき、京都の没落を決定的にした。戦いはこれで収まったものの、室町幕府の権威は失墜《しっつい》、戦いは全国に広がっていく。それから一世紀もつづく戦国時代は、この戦いによって開かれたのだ。

◉四章

群雄割拠する戦国乱世の攻防！

謀略、寝返りが横行する下剋上の世へ

川中島の合戦

●1561（永禄4）年

武田信玄VS上杉謙信
遺恨十年、五回に及ぶ両雄の最後の死闘

●戦国史上に残る激戦

川中島の戦いといえば、越後《えちご》の上杉謙信《うえすぎけんしん》、甲斐《かい》の武田信玄《たけだしんげん》率いる軍勢が北信濃の川中島で激突し、一五五三年（天文《てんぶん》二二）から五回に及んだ合戦である。

謙信、信玄という戦国時代を代表する両雄の戦いは、武田信玄の北信濃侵攻にはじまる。当時の北信濃は、村上義清らの豪族が支配していたが、甲斐からやってきた武田軍が徐々に勢力を伸ばしていく。村上義清らが越後の上杉謙信を頼ったところ、義の人として知られる謙信は、村上義清を助けずにはいられなかった。謙信率いる上杉軍は、信濃に侵攻。武田軍は、これを川中島で迎撃した。

もちろん、謙信も、義だけで動くほど甘い武将ではない。武田勢が北信濃を制圧すれば、上杉家は武田家と直接国境を接することになる。甲斐と信濃を領有する武

田の国力、信玄の武将としての能力が直接の脅威《きょうい》となってくるのだ。北信濃から武田勢を追い払い、信玄との間に緩衝《かんしょう》地帯をつくっておきたいというのが、謙信が出兵したねらいだった。

一方の信玄は、海への野望を抱いていたといわれる。武田の領地は山国・甲斐であり、海がない。海に面した土地を手中にすれば、貿易により富を蓄えられる。それには北進するか南下するしかないが、南には東海の雄とされた今川義元がいる。信玄は、北の謙信のほうが、まだしも与《くみ》しやすいと判断。将来、上杉家と事をかまえることを承知の上で、北上していたのである。

こうして、上杉軍は北信濃に入り、千曲《ちくま》川、犀《さい》川に挟《はさ》まれた三角州で武田軍とぶつかった。五回の戦いのうち、多くは小競り合いでとどまったが、一五六一年（永《えい》禄《ろく》四）八月の四回目の合戦は戦国史上に残る激戦となった。

●戦術的には上杉軍の勝利、戦略的には武田方の勝利

第四次の川中島の戦いがおこなわれた一五六一年には、情勢の変化が起きていた。その二年前、上杉謙信は京都の足利将軍から関東管領職の地位を受けていた。関東管領となったからには、謙信は関東に遠征して小田原《おだわら》の北条氏を叩きたかっ

た。安心して出陣するためには、武田軍の北上をつぶしておく必要があったのである。

また、この前年には、尾張の織田信長が桶狭間《おけはざま》の戦いで今川義元を討《う》ち、東海の勢力地図が大きく変わりはじめていた。信玄にも、今川氏の衰弱につけこみ、東海攻略をはかるには、北の上杉家と早期決着をつけておく必要があったのである。

八月一四日、上杉軍一万三〇〇〇は居城・春日山を出発、一六日には川中島の妻《さい》女山《じょざん》に布陣《ふじん》した。一方、武田軍二万は二四日に川中島（長野市）に到着、陣を張った。

両軍は、ここでしばし対峙《たいじ》するが、九月九日、武田方が上杉軍に対して奇襲をしかける。信玄得意の「きつつき戦法」と呼ばれるもので、まず軍を二手に分け、別働隊に妻女山上に陣取る上杉軍に奇襲をかけさせる。上杉軍があわてて妻女山から出てきたところを、武田軍本隊が待ち受け、挟み打ちにし、一気に殲滅《せんめつ》する。きつつきが嘴《くちばし》で樹木の反対側を叩いて、樹木から虫を追い出して餌食《えじき》にするのになぞらえた戦法だ。名軍師・山本勘助《やまもとかんすけ》の発案ともされる。

しかし、上杉軍も百戦錬磨であり、武田方のきつつきの計を見破った。上杉軍は夜のうちにひそかに妻女山を下り、武田軍主力のいる八幡原に布陣した。武田軍別

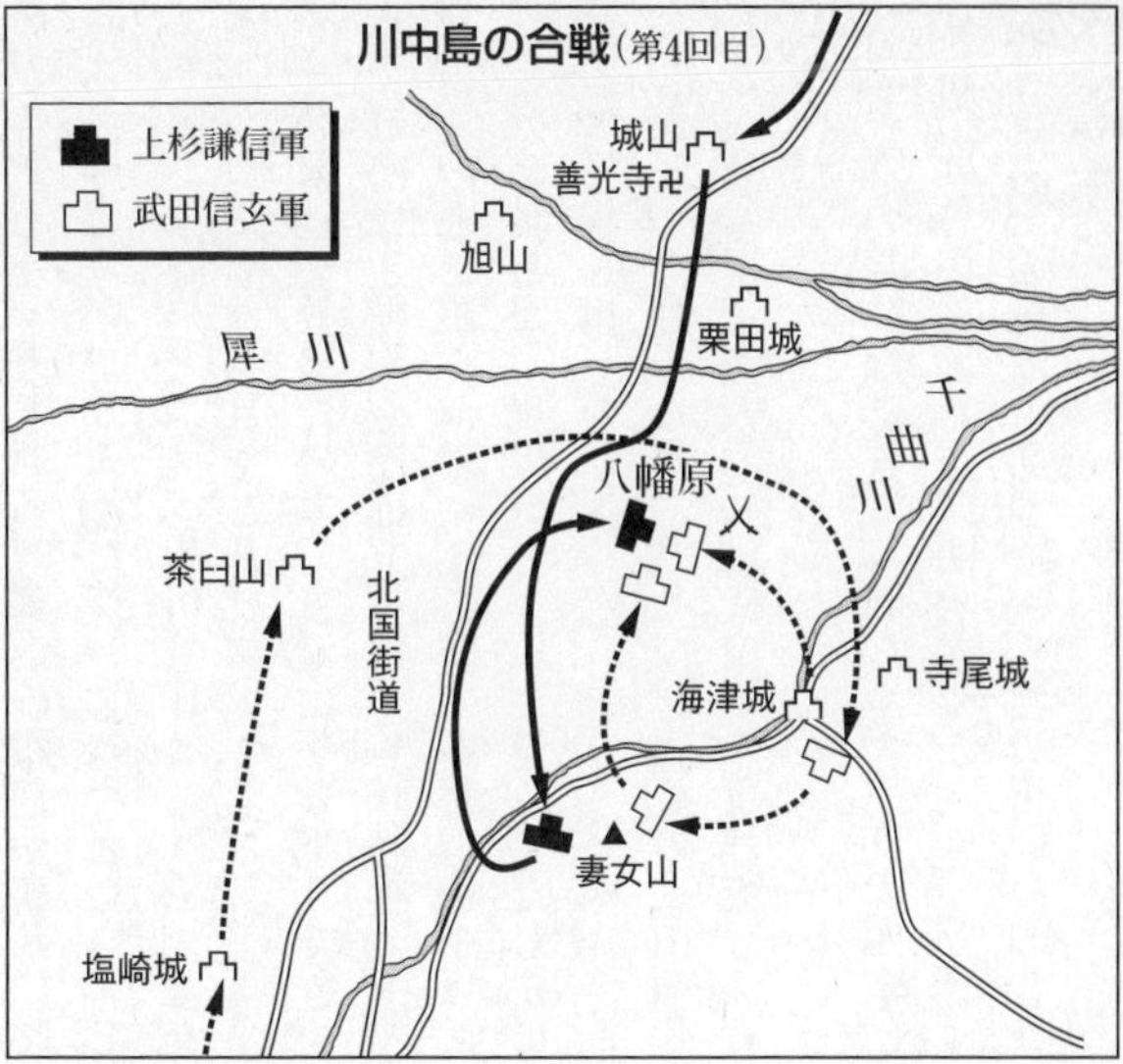

働隊が妻女山を急襲したときは、もぬけの殻《から》だった。

翌一〇日、深い霧に覆《おお》われていた川中島の霧が晴れると、両軍主力は互いに驚くほど接近していた。

たちまち総力をあげての激突となったが、武田軍は別働隊を妻女山に向けた分だけ軍勢が薄く、守勢とならざるをえなかった。信玄の実弟武田信繁《のぶしげ》、軍師山本勘助らが討ち死。武田軍の敗色は濃厚となった。

このとき、世に名高い謙信と信玄の一騎討ちがあったともいわれる。乱戦のため、信玄の本陣が手薄となったところ、馬上の謙信が床几《しょうぎ》に腰かけた信玄を見つけ、太刀を浴びせる。それを信玄が軍配で受けきったというエピソードだが、どうやら後世の創作らしい。ただ、そんなエピソードがつくられるほど、この戦いが激烈であり、武田軍が窮地に立たされたことは事実である。

その窮地を救ったのは、妻女山から下りてきた武田軍の別働隊である。新手の登場で形勢は逆転、今度は上杉軍がじりじりと下がり、最後には退却していった。

結局のところ、前半は上杉軍の優勢、後半は武田軍の優勢で、決着はつかなかったといわれるが、現実はちょっと違う。たしかに武田軍は、死者四五〇〇ともいわれる大損害を出した。

しかし、上杉軍を退却させ、北信濃の武田領化をさらに固定的なものにすることには成功した。戦術的には武田軍の負けでも、戦略的には武田方の勝利だったといえるのだ。

川中島の戦いはこれで終わらず、一五六四年には第五ラウンドが戦われた。これは小競り合いに終わり、決着がつかなかった。すでに信玄の関心は北ではなく、義元亡きあとの東海にあったからだ。川中島の合戦に六度目がなかったのは、そのためである。

厳島の戦い

●1555（弘治元）年

毛利軍の謀略戦の強さを天下に示した合戦

毛利元就VS陶晴賢

●大内義隆暗殺から陶氏打倒へ

戦国時代、中国地方最大の大名といえば毛利家《もうりけ》だが、毛利軍の強さが語られたことはあまりない。羽柴秀吉《はしばひでよし》軍との戦いでも、その後の合戦でも、毛利の軍勢が敵を震《ふる》えあがらせたという話は聞かない。それもそのはずで、毛利の強さは兵力によるのではなく、むしろ謀略の力にあったからだ。そして、厳島の合戦こそ、その謀略戦の巧みさを象徴する戦いだ。

毛利元就《もとなり》が当主となったころ、毛利家は広島の小さな豪族にすぎなかった。中国地方は、瀬戸内周辺を大内氏が勢力圏下とし、山陰には尼子《あまこ》氏が勢力を築いていた。毛利家は大内氏と尼子氏の大勢力に挟まれ、選択を誤ればいつ滅んでもおかしくない存在だった。

やがて、尼子軍に攻められたため、元就は大内氏に助けを求め、以来、元就は大内氏側に属して戦うようになる。大内軍団のなかで、毛利勢はしだいに地位を高めたが、そんな矢先に起こったのが、大内家の動乱である。一五五一年（天文《てんぶん》二〇）、大内氏の家臣だった陶晴賢《すえはるかた》が、主君・大内義隆《よしたか》を暗殺するのだ。

ここから、毛利元就は謀略の限りを重ねる。陶晴賢は、大内氏のもっていたものを継承したわけだから、毛利は陶晴賢に臣従《しんじゅう》するのが一つの道だ。

ただ、毛利勢の実力はかつてのような貧弱なものでなく、大内義隆は無理でも、陶晴賢なら勝てない相手ではない。元就は当面、陶晴賢の家臣として従うふりをしながら、機会を待った。

●何重にも張りめぐらせた元就の陰謀に落ちた陶晴賢

陶氏を打倒する機会は、一五五五年（弘治《こうじ》元）に訪れる。石見《いわみ》・津和野《つわの》の三本松城主、吉見正頼が陶氏にそむいたのをきっかけに、元就も反旗を翻《ひるがえ》した。陶晴賢軍が三本松城攻めに時間を取られているすきに、広島の厳島《いつくしま》を占領し、ここに宮ノ尾城を築いたのだ。

元就は、かねてから厳島を対陶晴賢軍の戦場に決めていた。いかに実力を蓄えてきたとはいえ、毛利軍はせいぜい四〇〇〇人、陶軍は二万人の兵力を誇る。平野でまともに戦っては、勝ち目がない。小が大を食うには、大の力を生かせない場所で戦うしかない。厳島は小さな島であるうえ、ほとんどが山である。平野部はわずかであり、そんな地形では、陶方は大軍の力を生かせないと元就は読んでいた。

問題は、陶晴賢をいかに厳島決戦という罠に引き込むかだ。陶晴賢も謀略家だけに、簡単には誘いに乗らない。そこで元就は、晴賢の右腕である江良房栄《えらふさひで》の排除へ向けて手を打った。

スパイを陶方の本拠・山口に送り込み、江良房栄がひそかに毛利と通じているという噂を流したのだ。もちろん晴賢も、すぐにだまされる人間ではない。だが、偽造された証拠物件が増えていくごとに、疑惑は深まり、ついには江良房栄を殺害してしまう。一五五五年三月のことである。

陶方の右腕を潰した元就は、つぎなる謀略をしかける。毛利方にも陶方のスパイが入っていたのだが、元就はこれを知っていて、ディス・インフォメーションをしかけたのだ。毛利にとって厳島がいかに戦略上の要所であるか、さらに厳島に築いた宮ノ尾城が失敗作であったことを、元就は家中でしゃべった。スパイたちはその情報を鵜呑《うの》みにして、晴賢まで送った。

晴賢は、元就の謀略を疑いながらも、最大のブレーンを失ったいま、冷静な目を失いつつあった。配下の弘中隆兼《ひろなかたかかね》が毛利の謀略ではないかと説いたのに対して、弘中隆兼にも裏切りの情報があるからと無視する。晴賢は、味方の多くを疑心暗鬼《ぎしんあんき》の目で見るようになっていたのだ。そして九月、二万の兵をあげ、厳島の攻略にかかる。元就の謀略はここに完成した。

元就は主力三五〇〇を厳島の対岸に布陣させ、まずは陶軍の厳島・宮ノ尾城攻略を見守った。宮ノ尾城が二万の兵の前に落城寸前になった九月三〇日夜、暴風雨が厳島に吹き荒れる。この風雨をついて、毛利軍は奇襲をしかけた。元就率いる主力は厳島の東北岸に、小早川隆景率いる別働隊は有の浦に渡り、陶軍を挟撃《きょうげき》したのだ。奇襲のうえに、東西からの挟撃という二重のダメージを受けた陶の大軍は、狭い陣地内で混乱し、敗走するよりなかった。

晴賢は厳島から脱出しようとしたが、肝心の船が、毛利勢に協力した村上水軍によって沈められてしまった。逃げきれないと観念した晴賢は、大江ノ浦の奥高安原で自刃して果てた。

毛利元就は、こうして謀略によって大を食い、中国地方の覇王への道を歩みはじめたのだ。

長良川の戦い

● 1556（弘治2）年

斎藤道三VS斎藤義龍
下剋上の雄が下剋上を受けた骨肉の決戦

●美濃を乗っ取った道三

戦国時代、「蝮《まむし》」の名で恐れられた斎藤道三《さいとうどうさん》は、司馬遼太郎の『国盗り物語』の前半の主人公としてよく知られている。司馬の手による道三は、織田信長のプロトタイプであり、戦国時代にもっとも早く天下統一をめざした炯眼《けいがん》の武将として描かれる。実際にそこまでの野望があったかどうかはともかく、道三は下剋上《げこくじょう》を繰り返して、美濃《みの》（岐阜県）の国の主にまでなった。

その道三の最期の合戦が、長良川の戦いである。相手は息子の斎藤義龍《よしたつ》。下剋上の世界を生きてきた道三は、最後に息子の下剋上を受けてしまったのだ。

道三と義龍の戦いは、道三の下剋上のツケともいわれる。伝えられるところによれば、道三は、もとは法蓮坊《ほうれんぼう》という名の僧だったが、京都で油商人となり、美濃まで商いにやってくるようになる。ここで美濃の有力者・長井氏に取り立てられ、家臣となる。当時・美濃の守護は土岐《とき》盛頼《もりより》だったが、その弟・頼芸《よりなり》は不満をためこんでいた。それを見抜いた道三は、頼芸をけしかけてクーデターを起こし、盛頼を追放、頼芸を守護の座につける。

道三のおかげで守護になった頼芸は、道三頼みとなり、ついには側室の深芳野《みよしの》を彼に与える。この深芳野との間にできたのが、やがて戦うことになる義龍だ。

ただ、道三の下克上による出世物語には、最近、新説が登場している。じつは斎藤道三の成り上がり物語として伝えられるのは、二人の人物の話だったというのだ。京都の油売りから長井氏に取り立てられるまでは父の物語であり、そこから先は子の物語という説だ。

ともあれ、道三の野望はこれくらいでは収まらず、今度は土岐頼芸に下克上をしかけ、追放する。そうして美濃一国を乗っ取り、難攻不落《なんこうふらく》の山城として知られる稲葉山城を築城したのだった。

●暗愚でなかった義龍は、やはり道三の子だった

この道三に歯向かったのが、息子の義龍である。道三はすでに義龍に家督をゆず

り、自分は鷺山城《さぎやまじょう》に隠居していた。だが、道三には次男の孫四郎や三男の喜平次のほうが賢く見え、義龍が暗愚《あんぐ》に見えてしかたない。

道三は、義龍を排除にかかり、次男の孫四郎を新たに立てようとした。弟たちも、暗愚とされる兄を馬鹿にした態度に出た。

一方、義龍にすれば、ここで戦わなければ地位と面目を失うだけである。しかも、自分の本当の父は道三でなく、美濃の土岐頼芸であるという話を家臣から聞かされていた。義龍は、道三を倒すため、まずは二人の実弟を稲葉山城《いなばやまじょう》に招き、殺害する。これは道三への挑戦状であり、道三も兵をあげた。

道三対義龍の親子対決は、両者挙兵の瞬間に早くも勝負がついていたといってい い。一五五五年（弘治《こうじ》元）の暮れ、義龍が一万八〇〇〇の兵を集めたのに対して、道三のもとにはわずか二〇〇〇の兵しか集まらなかったのである。

義龍が美濃の守護であった土岐頼芸の落胤《らくいん》であるという噂は、義龍の挙兵に正当性を与えた。土岐の血を引く者が、簒奪者《さんだつしゃ》から主の座を奪い返すという大義名分に、土岐氏に心を寄せる武士たちが集まったのだ。

両軍は、長良川《ながらがわ》（岐阜市）をはさみ、互いに見合ったまま動かなかった。数に勝る義龍軍ではあったが、義龍は慎重だった。その用心深さは、道三が思うほど、義龍が暗愚な人物ではなかった証拠といえるだろう。

年は明け、一五五六年四月二〇日、ようやく決戦のときがくる。義龍側の武者・竹腰道珍が長良川を越えて突進し、あえなく討たれたのを口火に戦端が開かれた。兵力は少ないとはいえ、道三は海千山千の武将である。義龍側は攻めても、決定的な優勢を奪えない。合戦は数日にも及びなかなか決着はつかなかったが、道三側は兵力を損耗《そんもう》していった。義龍の軍勢は、ついに道三の本陣にまで突入する。

このとき、道三はさすがに「蝮」と呼ばれた人物らしく、床几《しょうぎ》に腰をかけたまま肩をそびやかしていたという。そこへ、義龍側の武者何人かが組みつき、道三を押さえ込んで、命を奪った。その証拠にと、道三の鼻は削《そ》がれている。

衆寡《しゅうか》敵せず敗れた道三だったが、じつはそのころ、長良川に向けて、娘婿の織田信長の軍勢が加勢をしようと進軍をはじめていた。道三が鷺山城に籠城《ろうじょう》して、信長の加勢を待てば、この合戦の勝敗が変わっていたとしても不思議ではなかった。あえてその道を選ばなかったところに、乱世を生きてきた道三の誇りを見ることができる。

道三もすでに老齢の域に達し、この先、新たな野望はもちがたい。畳の上で安楽に死ぬよりも、戦場で露と消えたほうが自分には似合いと思ったのかもしれない。

桶狭間の戦い

●1560（永禄3）年

今川義元vs織田信長

信長を歴史の主役に浮上させた謎多き合戦

●じつは奇襲ではなかった！

桶狭間《おけはざま》（名古屋市）の戦いは、日本の合戦のなかでもとりわけ名高い。一五六〇年（永禄《えいろく》三）、今川義元の大軍四万五〇〇〇が尾張（愛知県）に攻め込み、織田信長を圧倒しようとした。このとき、織田信長の軍勢はわずかに二〇〇〇、当時の信長は「うつけ者」と呼ばれ、織田方の敗北は時間の問題に思われた。

余裕しゃくしゃくの今川義元が桶狭間の谷間で休憩を取っていたところ、その油断を信長が読み、奇襲をかける。奇襲は成功、信長の名は一躍天下にとどろいたというのが、これまで語られてきたエピソードだ。

しかし、この戦いは奇襲ではなかった。そもそも、もっとも信憑《しんぴょう》性の高い史料である太田牛一《ぎゅういち》の『信長公記《しんちょうこうき》』には、奇襲とはひと言も書いていない。じつは、桶狭

間の戦いは、正面きっての強襲作戦だったのである。

桶狭間の戦いは、誤解に満ちた合戦といえる。

最初の誤解は、今川義元の軍事目標だ。通説では、義元の目的は上洛《じょうらく》することにあったといわれるが、上洛するには信長軍を滅ぼしたあと、美濃の斎藤氏の稲葉山城も落とさなければならない。

そのルートはあまりに長大で非現実的であり、〝東海の雄〟といわれた義元ほどの武将が考えることではない。現実には尾張との国境紛争に勝ち、自領を少しでも拡大するねらいだったと思われる。

また、織田と今川の間には、圧倒的な兵力差があったというのも誤解である。兵の人数の差はあっても、信長の実父・信秀が、義元の軍勢に善戦してきた歴史もあるだけに、局地戦で信長が勝つことは不可能ではなかった。むしろ、ありえる話といっていい。

実際、信長はそれ以前に何度も今川軍と戦っていた。小競《こぜ》り合いによって今川勢の実力を知っていたし、一方で自らの直衛部隊である馬廻り衆を鍛《きた》えてきた。勝手知ったる土地での局地戦なら、勝てない相手ではないと知っていたのだ。

●白昼の強襲作戦に風雨が味方

しかも、信長は事前に、今川勢の切りくずしをしかけていた。戸部城の戸部《とべ》新左《しんざ》衛門《えもん》と鳴海城の山口教継《のりつぐ》・教吉《のりよし》親子は、かつて織田方だったが、その時点では今川方に寝返っていた。そこで、彼らがじつはまだ織田方と通じているという偽情報を流したのだ。

これに惑《まど》わされた義元は、戸部新左衛門と山口父子を処刑、自軍の勢力を弱めてしまった。

今川義元の軍勢が駿府の居城を発《た》ったのは五月一二日のこと。一八日には尾張との国境に近い沓掛《くつかけ》に陣を布《し》いている。翌一九日は朝から織田勢の砦《とりで》に襲いかかり、丸根《まるね》砦、鷲津《わしづ》砦を陥落《かんらく》させた。

この勢いを駆って沓掛を出発、大高城攻めに向かい、途中、桶狭間で休憩を取った。「狭間」という名から谷間のようなところと誤解されがちだが、じつは山の上である。義元は、十分に用心していたのだ。

一方、信長は丸根、鷲津砦が攻められているという情報を聞くと、ただちに出陣の用意をし、お気に入りの幸若舞「敦盛《あつもり》」を謡《うた》い舞った。信長は熱田神宮で戦勝を祈願、集まって来た馬廻り衆と善勝寺《ぜんしょうじ》砦に向かった。

通説では、このあと迂回《うかい》して桶狭間へ奇襲をかけたというのだが、『信長公記』によれば、そのまま中島砦へと進んでいる。

これは白昼堂々、義元の本隊の前面に切り込むコースで、正面からの強襲作戦である。

信長は手勢に「今川勢は夜通し大高城に兵糧を運び、鷲津・丸根の砦に手を焼いて、疲労しきっている。こちらは新手の兵である」と語り、鼓舞《こぶ》している。強襲に成算があったのだ。

信長の馬廻り衆が義元本隊を襲撃するべく、桶狭間の麓《ふもと》まできたときだ。いきなり強いにわか雨と風が吹きつけ、織田勢の姿を隠した。空が晴れたとき、織田軍は義元本陣のすぐ近くにあった。

織田方の出現に思わずひるんだとはいえ、今川勢はすぐに義元の本陣を三〇〇の兵で囲んだ。

だが、信長の馬廻り衆の切り込みのたびに、兵の数は減っていく。今川軍は大軍とはいえ、丸根砦、鷲津砦など諸方面の攻略に割かれ、義元の本陣はさほどの手勢でもなかった。

ついに、義元の本陣は手薄となり、義元自身も敗走をはじめた。義元は織田方の服部小平太の槍で負傷しながらも、逆に斬り返す。そこを毛利新介に襲われ、首を取られてしまった。

大将を失った今川全軍は、ここで総くずれになった。

織田信長は、桶狭間の今川義元本陣に強襲をしかけ、勝利とともに望外の首を得たのだった。

稲葉山城攻め

●1567（永禄10）年

織田信長VS斎藤龍興
難攻不落の要害陥落にかけた信長の執念

●美濃攻めに執念を燃やした信長

今川義元を倒した信長は、領土拡張の野望をむき出しにした。信長の当面の目標は、美濃《みの》の攻略である。これには大義名分もあった。信長の舅《しゅうと》にあたる斎藤道三は、息子の義龍軍との長良川の戦いを前にして、信長に美濃をゆずるという遺言を残したといわれる。信長にすれば、美濃攻めは舅の遺言を守ることでもあったのだ。

ただ美濃への侵攻は、簡単なことではなかった。美濃には斎藤道三が心血を注いで築いた稲葉山《いなばやま》城（岐阜市）がある。稲葉山城は容易に落とせる城でなく、父・信秀も何度も稲葉山城攻略に挑んでは失敗し、逃げ帰っている。

斎藤義龍もまた、道三を討っただけあって一筋縄《ひとすじなわ》でいく相手ではない。それでも、信長は辛抱《しんぼう》強く、稲葉山城攻略への道を切り開いていった。

信長にとって幸運だったのは、一五六一年（永禄《えいろく》四）に義龍が死去したことだ。義龍の生前は、美濃勢にはよくまとまり、容易にはしかけられなかった。義龍の後を継いだのは、まだ幼い龍興《たつおき》である。龍興の時代になってから、稲葉山城攻略は本格化する。

●人によって滅んだ稲葉山城

一五六一年五月から織田軍は西美濃に侵攻をはじめるが、さほどの戦果はあがらなかった。そこで稲葉山城から遠い東美濃攻略に方針を変える。信長は一五六三年、清洲から小牧山城へ居城を移転するが、これも東美濃攻略に近い場所を居城に求めたためだ。

信長は武力だけでなく、外交によって東美濃の武将を一人また一人と取り込んでいった。一帯の有力な城の一つ、加治田城の佐藤忠能も信長方に寝返った。斎藤方は、これを放っておくと、東美濃が総くずれになると危惧《きぐ》し、加治田城攻めの兵を送り込んだ。一方、信長としても、この城を見捨てれば、東美濃での声望を失う。手勢を率いて加治田城救援に向かい、斎藤軍を打ち破った。

東美濃をほぼ手中にした信長は西美濃をふたたび攻めはじめるが、河野島の戦いでは敗退もしている。このころ、有名な話が墨俣《すのまた》一夜城の築城だ。墨俣は尾張と美濃の国境にあり、美濃侵攻の軍事的拠点である。むろん、斎藤軍にとっても奪われたくない拠点である。それだけに築城は難航し、配下の柴田勝家、佐久間信盛《のぶもり》らは失敗、木下藤吉郎《きのしたとうきちろう》に出番がまわってくる。のちの豊臣秀吉である藤吉郎は、土豪の協力をあおぎ、わずか数日でここに城を完成させたと伝えられる。

これが墨俣一夜城伝説だが、これを史実とするかどうか疑問は多い。

それでも美濃攻略のために、のちの秀吉が知恵と労力を惜しみなく注ぎ込み、大出世の糸口をつかんだことはたしかである。

稲葉山城に陥落の兆候があらわれるのは、一五六四年のことである。龍興の家臣である竹中半兵《たけなかはんべ》

衛《え》は、龍興からうとんじられ、同僚からも馬鹿にされていた。そこで、半兵衛は自分の実力を見せるため、計略を用い、わずか十数人の家来で稲葉山城を乗っ取ってしまった。半兵衛はすぐに龍興に城を返し、自身は隠居したが、稲葉山城が意外にもろいことが知られることになったのだ。

ついに一五六七年八月、西美濃三人衆といわれた氏家卜全《ぼくぜん》、稲葉一鉄《いってつ》、安藤守就《もりなり》の三人が、信長方に味方したいと申し出てきた。西美濃三人衆は斎藤家の主力であり、これで斎藤方の力は一気に弱まった。西美濃三人衆にかぎらず、このころ斎藤方から寝返る者が多くなっていた。

勝機と踏んだ信長は、一気に軍を動かし、稲葉山城下を焼き払い、稲葉山城を孤立させた。すでに稲葉山城の窮地を助けにくる、美濃の軍勢はいなかった。

斎藤龍興は、人心が自分から離反していることを悟り、ひそかに稲葉山城を脱出、伊勢長島に落ちのびた。このときの信長への恨みを忘れず、のちに織田包囲網に加わり、最後は朝倉氏に身を寄せ、織田軍相手に討ち死にしている。

城主・龍興のいない稲葉山城は、落城するしかなかった。代わって信長は稲葉山城に入り、小牧山からここに居城を移す。同時に信長はこの地を「岐阜」と改めた。このころから「天下布武」の印を使いはじめ、新たな野望をそこに込めた。

姉川の戦い

●1570（元亀元）年

織田信長・徳川家康vs浅井長政・朝倉義景

因縁が因縁を呼ぶ戦いの始まり

●金ヶ崎で九死に一生を得た信長

織田・徳川連合軍と朝倉・浅井連合軍が激突した姉川《あねがわ》（滋賀県）の戦いは、因縁《いんねん》が因縁を呼ぶ合戦といえる。原因は、織田信長の朝倉氏討伐作戦からはじまる。すでに信長は足利義昭《よしあき》を奉じて上洛を果たし、正親町《おおぎまち》天皇のもと、周辺の大名に上洛を命じた。これに従わなかったのが、越前の朝倉義景《よしかげ》だった。一五七〇年（元亀《げんき》元）四月、信長はこれを機に朝倉氏攻略を決意し、若狭から越前へと軍を侵攻させた。

織田軍の朝倉侵攻に驚いたのが、北近江の浅井《あざい》長政《ながまさ》である。浅井長政は信長の妹であるお市と結婚し、織田・浅井間には同盟が成立していた。しかし、浅井家には、過去に浅倉家から援助を受けていた恩義がある。織田家と同盟を結ぶとき、浅井家に無断で朝倉家を攻めないという条件も入れていた。信長はこの盟約を反故《ほご》にし、

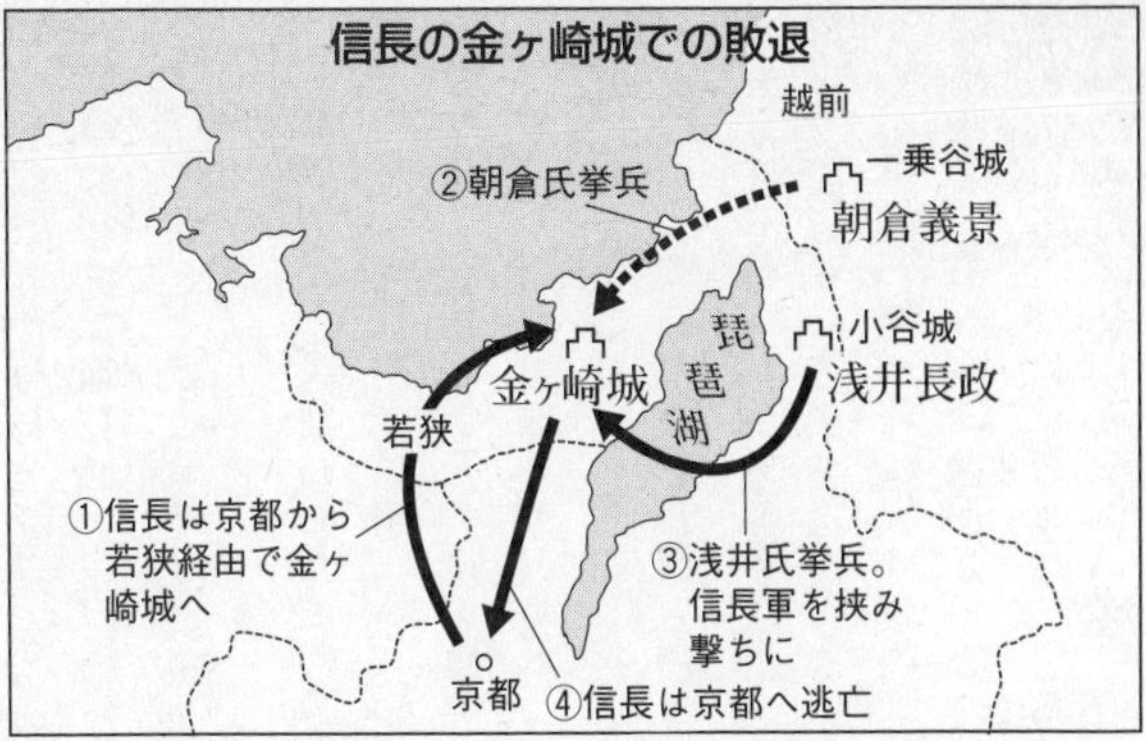

信長の金ヶ崎城での敗退

朝倉を攻めたのである。織田と朝倉の双方にはさまれた長政は、朝倉家との古くからの関係を選んだ。

織田軍の金ヶ崎城（敦賀市）攻略のさなか、浅井軍が寝返ったという情報が流れてきた。そのままでは、浅井・朝倉の両軍からはさみ打ちにされる。信長は、しばし信じなかったというが、ともあれ、このままでは全滅である。金ヶ崎に木下藤吉郎、明智《あけち》光秀《みつひで》ら、後の織田軍の精鋭を残し、すぐさま京都へ逃亡した。信長は九死に一生を得たが、それだけに裏切った浅井家への怒りは大きかった。

信長が京都からいったん岐阜へと戻ろうとしたとき、浅井長政は道筋付近の者に一揆をそそのかしている。千草越えでは杉谷善住房が信長を狙撃し、弾丸は信長の体をかすめている。これも、信長の怒りに火を注ぐものになった。

岐阜に戻った信長は、三河の徳川家康にも援軍を頼み、浅井家の居城・小谷《おだに》城を攻めたてる。一方、朝倉方も援軍を送り込み、姉川の合戦の舞台は整えられた。

●激戦が終わっても、抗争が終わるわけではなかった

一五七〇年六月二八日、姉川をはさんで織田・徳川連合軍と朝倉・浅井連合軍が対峙する。織田軍二万、徳川軍五〇〇〇に対し、朝倉軍一万、浅井軍五〇〇〇である。織田軍は浅井軍を受け持ち、徳川軍と対するは朝倉軍である。

戦いは早朝五時にはじまり、五〇〇〇の徳川軍が一万の朝倉軍を押しまくり、一方では二万の織田軍が五〇〇〇の浅井軍に押されっぱなしという展開になった。兵力に劣る軍が、大軍を押すという構図で、とりわけ浅井軍の先鋒《せんぽう》・磯野員昌《かずまさ》の攻撃はすさまじく、織田方は突きくずされかけた。

織田軍は、第一陣に坂井政尚、第二陣に池田恒興《つねおき》、第三陣に木下秀吉、第四陣に柴田勝家、第五陣に森長可《もりながよし》、第六陣に佐久間信盛、そして本隊の信長という七段構えの陣立てだった。ほかに一一段構えという説もあるが、いずれにせよ第一陣、第二陣をあっけなく破られ、第三陣の秀吉、第四陣の柴田勝家さえも押されまくり、

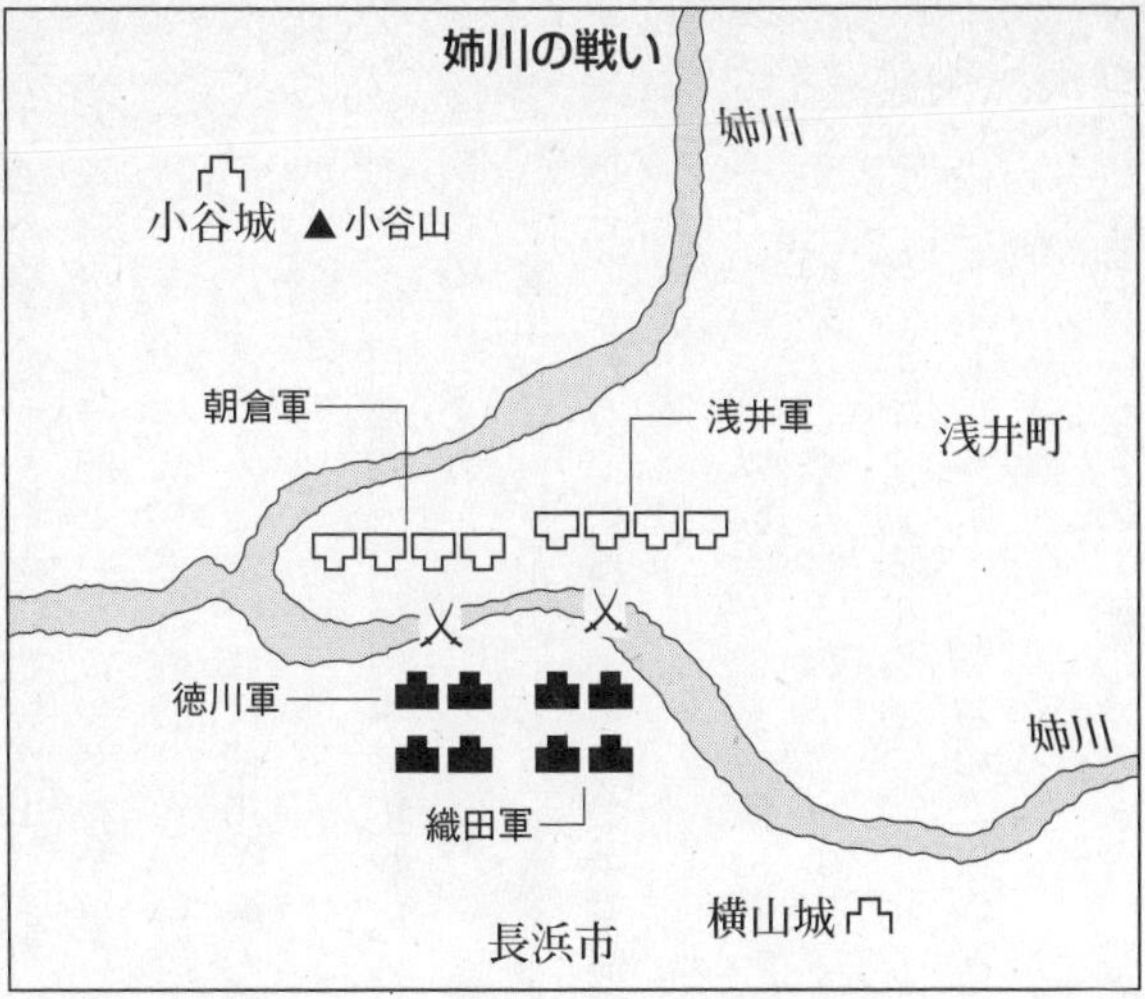

本隊の信長の陣さえも危ない状況になったとみられる。

信長の窮地《きゅうち》を救ったのは、浅井方の横山城を包囲していた稲葉一鉄《いってつ》、氏家卜全《ぼくぜん》、安藤範俊らが、浅井軍の側面が無防備になっていると気づいたことだ。彼らはガラ空きの側面を突き、これで形勢は逆転した。徳川軍も加わったところで、浅井軍は耐えきれず後退、敗走した。

織田軍は追撃したものの、浅井軍は小谷城に逃げ込んでしまった。堅《けん》固《ご》な小谷城に逃げられたのではどうしようもなく、姉川の合戦は終わった。

これが長く伝えられてきた姉川の

戦いのあらましだが、最近は新説が出てきている。姉川周辺に、七段構えの陣を布くことは面積上不可能ということがわかったのだ。まして退却を重ねることなどできるわけがなく、実際にどう戦われたかは謎になってしまった。七段構えの陣が破られた話は、どうやら江戸時代に徳川家康の活躍を持ち上げるため、でっち上げられた話のようだ。

ともあれ、姉川の戦いで織田軍は快勝し、信長の溜飲《りゅういん》は下がったものの、それは新たな因縁のはじまりだった。

浅井・朝倉連合軍は姉川の敗北にも懲《こ》りず、三か月後の九月には坂本まで出兵し、京都をうかがっている。姉川の合戦で織田軍は、決定的な打撃を与えたわけではなかったのだ。

その一方、西では本願寺が信長打倒に立ち上がり、信長は朝倉・浅井連合軍と石山本願寺の執拗《しつよう》な攻勢に耐えねばならなくなる。その結果、信長は一度は天皇を動かして自ら講和の道を選んでいる。

このとき、信長は「天下は朝倉殿がもつがよい。自分は二度と望まない」とさえ誓約したともいわれる。

姉川の勝利は、信長の苦難のはじまりでもあったのだ。

石山合戦

織田信長VS本願寺法主・顕如

信長最大の敵・石山本願寺との十年戦争

●1570（元亀元）～1580（天正8）年

●天下盗りに必要だった石山本願寺の力

天下統一をめざす織田信長に対し、「最強の敵」といえば武田信玄か、上杉謙信だろう。一方、信長の「最大の敵」といったときは、信玄でもなく謙信でもない。石山本願寺こそが、信長を長く手こずらせてきた難敵だった。

大坂にあった石山本願寺は、ただの宗教集団ではなかった。浄土真宗本願寺派は一向宗《いっこう》とも呼ばれ、日本全国の一向一揆《いっこういっき》の司令塔であったのだ。戦国大名がひとたび本願寺の機嫌をそこねるなら、その地に一向一揆の指令が飛び、戦国大名は身を削り取られるような思いをしなければならなかった。石山本願寺は、強力な戦国大名であれ、踏んではいけない虎の尾だったのだ。

しかも、石山本願寺の坊官・下間頼廉《しもつまらいれん》は、当代屈指の武将であり、頼廉のもと石山本願寺には畿内から強力な兵力が集められていた。

さらに石山本願寺は、全国の門徒から多額の献金を集めることができた。その戦力、経済力は、並の戦国大名では歯が立たないものだったのだ。

信長は、この大敵と一五七〇年（元亀《げんき》元）から、一〇年にも及ぶ長い戦いを余儀《よぎ》なくされていた。それは、信長が望んだものでもあれば、本願寺がしかけたものでもある。

信長にすれば、本願寺の金と土地がほしかった。石山本願寺のある大坂は、アジアへの貿易拠点にもなるだろうし、さらに本願寺の財力を利用できるなら、この先、天下統一への戦いを有利にすすめられる。

一方、本願寺にしても、勢力を拡大する信長の存在が危険に思えた。足利将軍義昭から信長包囲網へ誘われたこともあって、一一代法主・顕如《けんによ》は打倒・信長に立ち上がったのだった。

●石山本願寺と信長は、天皇の仲介で和睦へ

一五七〇年八月、三好三人衆が野田・福島で蜂起《ほうき》し、織田方を挑発した。信長はただちに出陣し、石山本願寺を取り巻くように陣を布くとともに、野田・福島を落

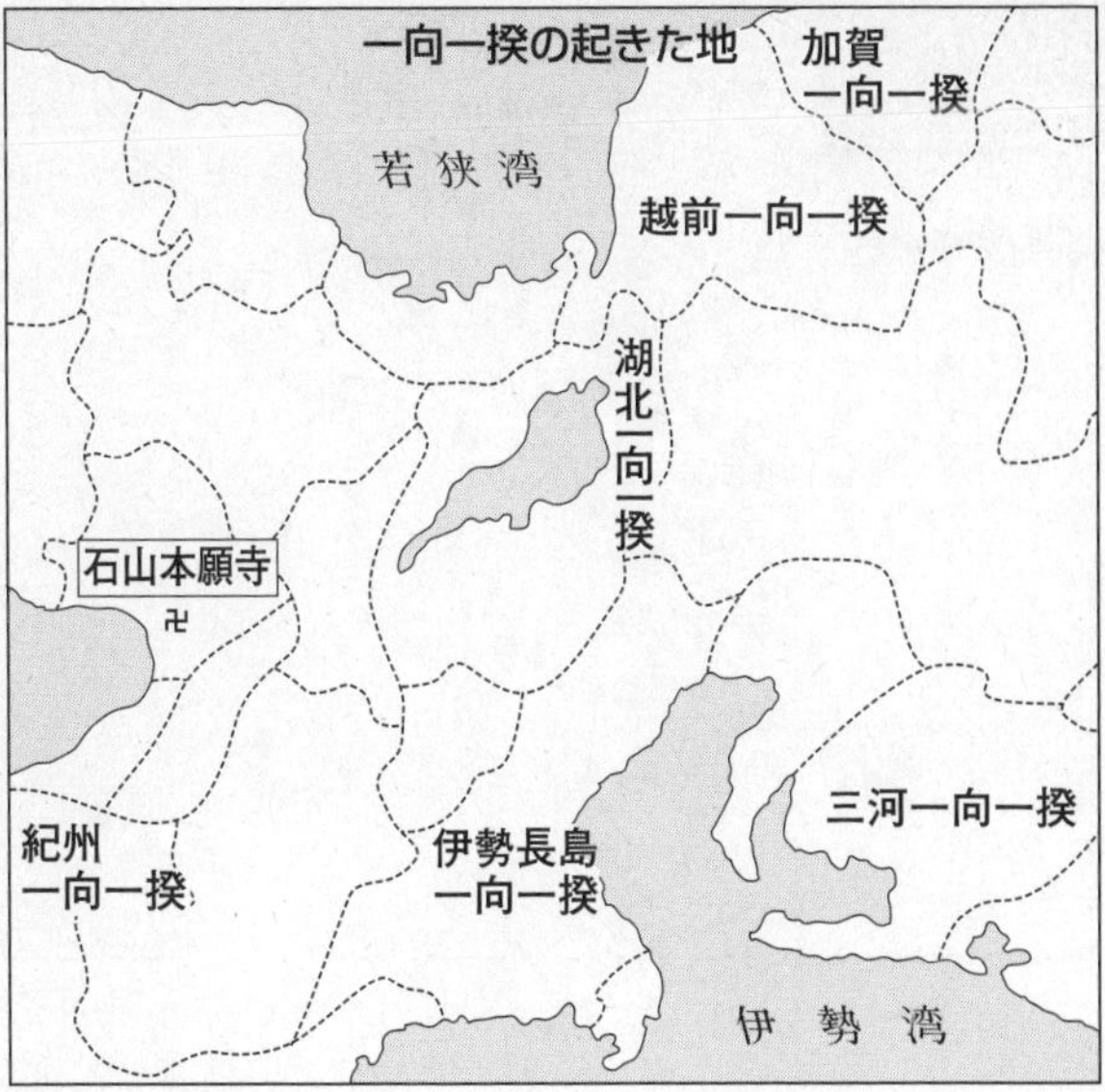

城寸前まで追い込む。

このとき、石山本願寺の軍勢が突如、織田軍に襲いかかってきた。織田軍は、石山本願寺応援のために駆けつけた雑賀《さいか》の鉄砲隊に苦戦する。

この苦戦のさなか、朝倉・浅井連合軍が、姉川の敗北にも懲《こ》りず、南下。坂本城を襲い、京都に侵攻する勢いをみせた。京都を奪われたくない信長は、陣をただちに引き払い朝倉・浅井軍へと向かった。朝倉・浅井軍は比叡山に逃げこみ、織田方は手出しできなくなってしまう。

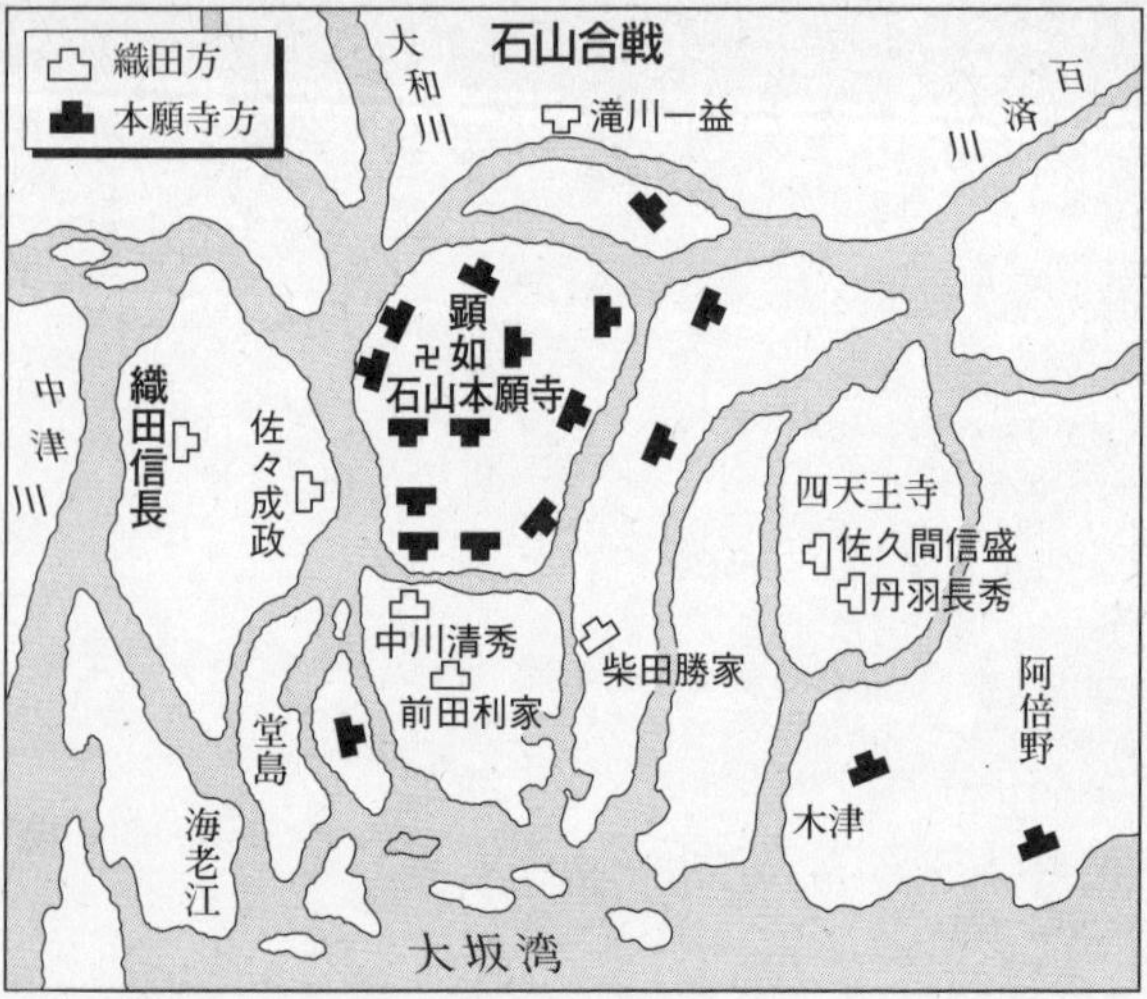

このあと、石山本願寺は、大坂での戦争を選ばず、全国各地で門徒衆を動かし、信長を苦しめる。近江では浅井氏と連動した一向一揆《いっこういっき》が起こり、伊勢長島でも一向一揆が起きた。伊勢長島の一揆は、伊勢小江城を守っていた信長の弟・信興《のぶおき》の手勢を攻めた。信長の本軍は比叡山にこもる朝倉・浅井連合軍に釘付け状態にされ、救出に向かえない。一一月、小江城は落城、信興は切腹した。

また、織田信長が朝倉・浅井連合軍を滅ぼしたあとも、石山本願寺は加賀、越前で一向一揆をしかける。信長は、ここでも振りまわされることになる。

石山本願寺と織田軍がふたたび直接衝突するのは、一五七六年（天正《てんしょう》四）のことだ。信長は、四月に石山本願寺攻略のための砦づくりを命じ、石山本願寺と決着をつける時機を模索していた。

五月三日、織田方の軍勢は、石山本願寺方の三津寺に向かった。三津寺は本願寺の補給ルートの要衝《ようしょう》であり、これを奪い取ろうという作戦である。石山本願寺方は一万の兵で応戦、織田方を敗走させた。本願寺の軍勢は、勢いに乗って明智光秀、佐久間信栄ら軍勢のいる天王寺の砦を包囲した。

天王寺の危機の知らせを聞いた信長は、急いでかき集めた軍を率いて、救援に向かう。その数三〇〇〇といわれ、これが本願寺軍を破り、天王寺砦は救われた。ただし、石山本願寺の力を弱めたわけではなく、その後、信長は石山本願寺への攻め方を変える。

重臣の佐久間信盛を天王寺砦に入れて、兵糧攻めすることにしたのだ。石山本願寺に兵糧を送り込んでいるのは、毛利水軍である。信長は水軍を組織し、この毛利水軍打倒にかかった。ただし、当初は功を奏さず、七月には木津川河口で大敗を喫している。それでも信長は懲りず水軍育成に努め、一五七八年一一月には、ついに九鬼嘉隆《くきよしたか》の水軍が毛利水軍を破った。

これで、大坂湾の制海権が織田方のものになり、さすがの石山本願寺も少しずつ苦しくなっていく。石山本願寺側に和睦の雰囲気がしだいに高まり、信長もこれに応じて、一五七九年、天皇の仲介のもと講和が成立。翌一五八〇年、石山本願寺は大坂の地を退去した。織田信長と石山本願寺の十年戦争はこうして終わった。

この戦い、最終的に石山本願寺を退去させたことを考えれば、信長の勝利といえるが、それは彼にとってもっとも辛い戦いでもあった。のちに信長は、石山本願寺攻めの司令官だった佐久間信盛を職務怠慢を理由に追放している。石山本願寺に苦しめられた信長の怒りは、重臣にも向けられたのだ。

◉五章

天下盗りを賭けた壮絶な死闘！

驚異の城攻めから近代戦の幕開けへ

三方ヶ原の戦い

武田信玄VS徳川家康
家康が老練な信玄の戦術に翻弄され続けた戦い

●1572（元亀3）年

●武田を取るか、信長を取るか

一五七二年（元亀《げんき》三）一〇月、甲斐《かい》の武田信玄率いる軍二万七〇〇〇が動いた。その知らせは、織田信長・徳川家康を震撼《しんかん》させる。戦国最強の騎馬《きば》隊を率いる武田軍が南に動きはじめたことは、信長・家康連合軍にとって最大の脅威《きょうい》であった。

当時の信長は、苦境にあった。朝倉・浅井連合軍に石山本願寺、一向一揆と反信長包囲網に苦闘をつづけ、兵を休める暇もない。

もし、信玄が信長打倒に動いた場合、信長は総力で尾張か美濃で迎撃しなければならない。これは、反信長連合の思うつぼであり、畿内は朝倉・浅井連合軍の手に落ちるだろうし、信長は東に武田軍、西に朝倉・浅井連合軍の挟撃を受けることになってしまう。

さらに家康は、信長以上にむずかしい立場に立たされた。試されもしたといっていい。信長とは同盟関係にあるものの、武田を取る選択もできた。信玄の意図が上洛《らく》にあるならば、寝返って武田軍の先鋒《せんぽう》となる選択もあったからだ。一方、ねらいが家康の領土である遠江《とおとうみ》（静岡県西部）侵略にあるなら、織田方に立つしかない。最終的に家康は、武田軍との対決を選んだ。

とはいえ、織田方からの援軍はわずか三〇〇〇。徳川軍八〇〇〇と合わせても一万一〇〇〇で、武田軍の半分以下である。ここでまた家康は、選択を迫られる。城から出て勝ち目のない戦いをするか、浜松城に籠城《ろうじょう》するか。苦慮のすえ、家康は出撃策を選ぶ。

家康が打って出ざるをえなかったのは、家中を完全には掌握《しょうあく》していなかったからだ。とくに、新しい領地の遠江は、かつては今川氏の領地であり、今川の旧臣も多い。彼らは、家康に心服しているわけでなく、武田方の誘いがあれば、いつでも鞍《くら》替《が》えする危険があったのだ。

実際、武田軍の遠江侵入により、かなりの数が武田方に寝返っている。籠城し、武田軍との戦いが長引けば、さらに寝返る家臣が続々と出てきかねない。国内をまとめるためには、出撃するしかなかったのである。

●徳川軍を巧妙に三方ヶ原に誘って粉砕した信玄

武田軍との戦いで家康が思い描いたのは、桶狭間の再現だったろう。信長が少数の手勢で今川義元の大軍に勝ったように、武田軍のすきをついて局地戦をしかければ、勝てる可能性はゼロではない。

だが、そのもくろみは信玄には通じなかった。信玄率いる武田軍は、天竜川《てんりゅう》近くの二俣城《ふたまたじょう》を包囲・陥落させたあと、いったん浜松城に接近。浜松城を攻めると見せかけておき、実際は城から遠ざかり、西へと軍を進めた。これは、家康の度胸を試し、挑発したに等しい。いわば、おびきだし作戦である。

家康にすれば、武田軍に浜松城前を素通りされるのは、戦国大名として恥であり、そのままでは配下を統率《とうそつ》できなくなる。ついに、武田軍を追撃するように出撃した。

そのとき、武田軍に奇襲をかければ、勝算はゼロではないと家康は踏んでいた。しかし、それを許す信玄ではなく、武田軍は途中で進路をかえ、三方ヶ原《みかたがはら》（浜松市）で徳川軍を待ちかまえていた。こうして、家康は真正面からの戦闘を余儀《よぎ》なくされた。

合戦は、武田軍の投石からはじまった。徳川軍がひるんだところを武田軍が攻めため、徳川軍は中央を破られ、もろくも粉砕《ふんさい》される。乱戦のなか、有力武将の戦死も相次ぎ、家康自身も孤立してしまった。

家康はただ一騎となり、浜松城をめざして逃げたが、信玄の手勢は先回りして家康の退路をさえぎった。この人生最大のピンチにおいて、家康は弓矢で武田軍の兵士を倒し、なんとか逃げ道を確保したと『信長公記《しんちょうこうき》』は伝えている。

家康は、命からがら浜松城にまで逃げ戻ったとき、恐怖のあまり馬上で脱糞していたという。それほど家康は、武田勢に肉薄されていたのだ。

ただ、三方ヶ原の合戦については、異説もある。武田軍が浜松城近くを横切って通りすぎたとき、家康の配下は、物見という理由で武田軍を追いかけた。その物見の数が多く、家康がこれを引き止めようと自身で出ていったところを、武田軍にしかけられたというのだ。いずれにせよ、徳川・織田連合軍に圧勝した武田軍は、その勢いをもって北遠江に侵攻した。しかし、その後、武田軍のスピードは鈍り、刑部《おさかべ》で越年。翌一五七三年（元亀四）二月、三河野田城を開城させたものの、ここでルートを変えて長篠まで引き返し、ついには甲斐へ帰還するのだ。その途中、武田信玄は四月、信濃駒場で死去している。

家康は、痛手を受けながらも、生涯最大の危機をしのぎきったのである。

小谷城の戦い

●1573（天正元）年

織田信長VS浅井長政・朝倉義景
信長の執念の猛攻撃に浅井・朝倉連合が屈する日

●浅井にとどめをさせない信長

朝倉・浅井連合を倒したい信長にとって、浅井長政の籠《こ》もる小谷城《おだに》（滋賀湖北町）は、喉元《のどもと》に刺さった骨のような存在だった。小谷城は堅固《けんご》にできていて、力攻めでは容易に落ちない。小谷城を落とせば、一気に朝倉攻めにまわれるのだが、肝心の小谷城が落ちないのだ。

こういうときの信長は辛抱《しんぼう》強い。一歩一歩着実に、小谷城包囲網を強化する作戦をとった。浅井方の家臣を一人ひとり投降させ、味方にしていったのだ。とりわけ、佐和山《さわやま》城（彦根市）を守っていた磯野員昌《いそのかずまさ》を投降させたのは大きかった。磯野員昌は姉川《あねがわ》の合戦で、浅井軍の先鋒として奮闘した武将であった。

一五七二年、信長は何度も小谷城を攻め、小谷城周辺を焼き払った。そして、小谷城から約四キロの虎御前山に砦《とりで》を築城。小谷城への押さえとして羽柴秀吉に守らせた。朝倉軍が救援に駆けつけてきたが、朝倉方の重臣からも織田方への投降者が出はじめた。しかし、それでもなかなか浅井軍にとどめを刺せなかったのは、東で武田軍が動きはじめたからだ。同年一〇月には、信玄率いる武田の大軍が西へと動きはじめていたのだ。

その信玄が、翌一五七三年（元亀四）四月に病没した。信長は、東の脅威《きょうい》がなくなったこのとき、織田包囲網を陰であやつってきた足利将軍義昭に手を打つ。同年七月一六日に槇島城に追いつめ、包囲したすえ追放してしまうのだ。

これで、室町幕府は完全に滅んだ。そして、年号は「元亀《げんき》」から「天正《てんしょう》」へと改められた。元亀元年こそは朝倉・浅井連合軍との戦いのはじまりであり、信長のもっとも苦しい時代が元亀年間だった。その年号を捨てることで、信長は厄払《やくばら》いしたのだった。年号を改めた信長は、長らく手こずってきた宿敵である朝倉・浅井連合軍と決着をつけることを決意。八月には大軍を率いて、小谷城を取り囲んだ。

●朝倉軍壊滅により、滅亡を選択した浅井長政

織田軍による小谷城包囲の報は、朝倉義景のもとにも届き、義景は二万の軍を率いて小谷城救援に向かった。しかし、朝倉軍は、もはや織田軍の敵ではなかった。かなりの数の武士が織田方に下っていたのだ。

弱りきった朝倉勢を見て、信長は迅速《じんそく》に手を打った。信長は辛抱《しんぼう》の人である一方、迅速をよしとする。朝倉軍への先手として、佐久間信盛、柴田勝家、羽柴秀吉、丹羽《にわ》長秀《ながひで》らに出陣を命じていたのだが、彼らよりも先に攻撃地点に着いてしまったのだ。信長はそのまま諸将の到着を待ちきれず、朝倉本陣を襲った。

信長本人に先を越されたのを知り、あわてた柴田勝家らの軍勢は、なんとか進撃する信長本隊に追いついた。諸将は、信長から大目玉を食ったという。

このときの信長は冴《さ》えてもいた。朝倉義景ら主要な武将は刀根坂越えから越前に逃げ込もうとしたが、これを読んで軍勢を送りこんだのだ。信長軍は、逃げる朝倉軍の背後から襲いかかり、朝倉軍はここでも敗走した。朝倉氏のもとには、かつて稲葉山城攻防戦で織田信長を苦しめた斎藤龍興《たつおき》が、流浪《るろう》のすえ身を寄せていた。彼も織田軍に立ち向かったが、戦死する。

ついに八月一七日、織田軍は朝倉氏の根拠地・一乗谷に攻め込んだ。朝倉義景は逃亡するものの、一族の景鏡《かげあきら》にさとされ切腹、朝倉氏は滅亡した。

信長は返す刀で、小谷城攻略に向かう。朝倉氏の滅亡により、小谷城は完全に孤立した。織田の大軍に囲まれ、援軍のあてはまったくなかった。

八月二七日、小谷城への総攻撃がはじまった。秀吉軍が京極丸に攻め込み、長政の父・久政《ひさまさ》は自《じ》刃《じん》する。翌二八日は本丸への総攻撃がかけられ、ついに浅井長政は自害して果てた。長政、二九歳だった。

このとき、秀吉は長政側と交渉し、長政の妻であり、信長の妹であるお市とその三人の娘の引き取りに成功している。

こうして、信長は宿敵・朝倉、浅井連合を滅ぼしたが、よほど感情を高ぶらせたのか、翌一五七四年の正月、朝倉義景、浅井久政、浅井長政の髑《どく》髏《ろ》を漆《うるし》でかため、彩色を施したものを取り出し、これを折り敷きの上に置いて〝肴《さかな》〟とし、酒宴をつづけたという。

長篠の合戦

織田信長・徳川家康vs武田勝頼

鉄砲の三段撃ちはなくとも壊滅した武田軍団

●1575（天正3）年

●鉄砲の三段撃ちはあり得ない?!

織田信長は、長篠《ながしの》（愛知県南設楽郡）の戦いで、甲斐《かい》の武田勝頼《かつより》の軍を打ち破る。このとき、信長は鉄砲の三段撃ち作戦を用いたと伝えられる。馬防柵をはりめぐらせて、武田の騎馬《きば》軍団を食い止めたうえ、鉄砲を連続して発射。武田の騎馬軍団を壊滅《かいめつ》させたという有名なエピソードである。

しかし、この有名すぎる話には疑問符がつく。たしかに、織田軍団が、鉄砲を活用して、この戦いに勝利したことは間違いない。だが、最近の研究では、鉄砲の三段撃ちはありえない話だということがわかってきているのだ。実際に火縄銃をつかって三段撃ちを実験してみると、硝煙《しょうえん》で何も見えなくなってしまうのだ。

そもそも、武田軍に騎馬隊があったかどうかも相当怪《あや》しい話だ。江戸時代が終わるまで、日本の国産馬は小柄なうえ気性が荒く、西洋の重装甲騎兵のように馬を駆《か》って槍《やり》を振りまわすのは無理だったことが、明らかになってきている。戦国時代、馬に乗った武者も、戦場では馬から下りて戦うのがふつうで、長篠の戦いでも、騎馬軍団による突撃はなかったとみられるのだ。すると、馬防柵も必要ない。

鉄砲三段撃ち、騎兵集団、馬防柵がいずれも幻となると、長篠の合戦は、従来とはやや異なった姿をみせてくる。もっとも信憑性《しんぴょうせい》の高い史料、太田牛一《おおたぎゅういち》の『信長公記』をもとにするなら、以下のような合戦になる。

長篠の戦いは、武田信玄の後を継いだ勝頼による遠江《とおとうみ》侵略にはじまる。勝頼軍は遠江の高天神《たかてんじん》城を落とし、長篠城に向かった。ここで、徳川家康は織田信長に援軍を要請《ようせい》、信長は三万を動員し、徳川軍八〇〇〇と合わせて三万八〇〇〇の大軍団が長篠へ向かった。一方、武田軍は一万五〇〇〇で対抗する。

織田軍にとって、長くその存在を脅威《きょうい》に感じてきた武田軍との初の総力戦である。ただし、このときの織田方は、かつての武田におびえていた頃の織田方ではない。すでに朝倉・浅井の領土を併合《へいごう》した超大国となっており、兵力のうえで負ける心配はなかった。

●織田軍による鳶ケ巣山占領に、あわてた武田軍

一五七五年（天正三）五月一八日、織田・徳川連合軍は、長篠城から西に約四キロの地点に布陣《ふじん》した。このあたりは設楽原《したらがはら》と呼ばれる土地で、一段低い窪地《くぼち》が多い。この窪地を利用して、織田方は武田軍から見えないよう兵を配置した。

こうして相手の出方を待ったところ、二日後の二〇日、武田軍が動き、長篠城の北に張った陣を設楽原まで進めてきた。織田・徳川軍との距離は五〇〇メートルほどとなり、いつ合戦になってもおかしくない状況となった。

勝頼《かつより》は、数的には劣勢であったが、正面からの決戦を選択したのだ。これまでも徳川勢に対しては優勢だっただけに、退く選択ができなかったろう。

このとき、武田の重臣、山県昌景《やまがたまさかげ》、馬場信房、内藤昌豊らは、いったん撤退《てったい》し、甲斐に引き入れての戦いを進言していた。しかし、勝頼は受け入れなかった。

武田軍の進出を見て、信長は武田軍壊滅のチャンスと考えた。設楽原の南には豊川が流れ、北には山が迫っている。いざというときの逃げ道は、西の長篠城へと向かう狭い土地しかない。その長篠城のすぐ東南にある鳶ケ巣山《とびがす》を奪えば、武田軍は織田軍に挟撃される恰好になる。

信長は、鳶ケ巣山奪取のため、鉄砲と弓の名手からなる四〇〇〇の部隊を夜陰に

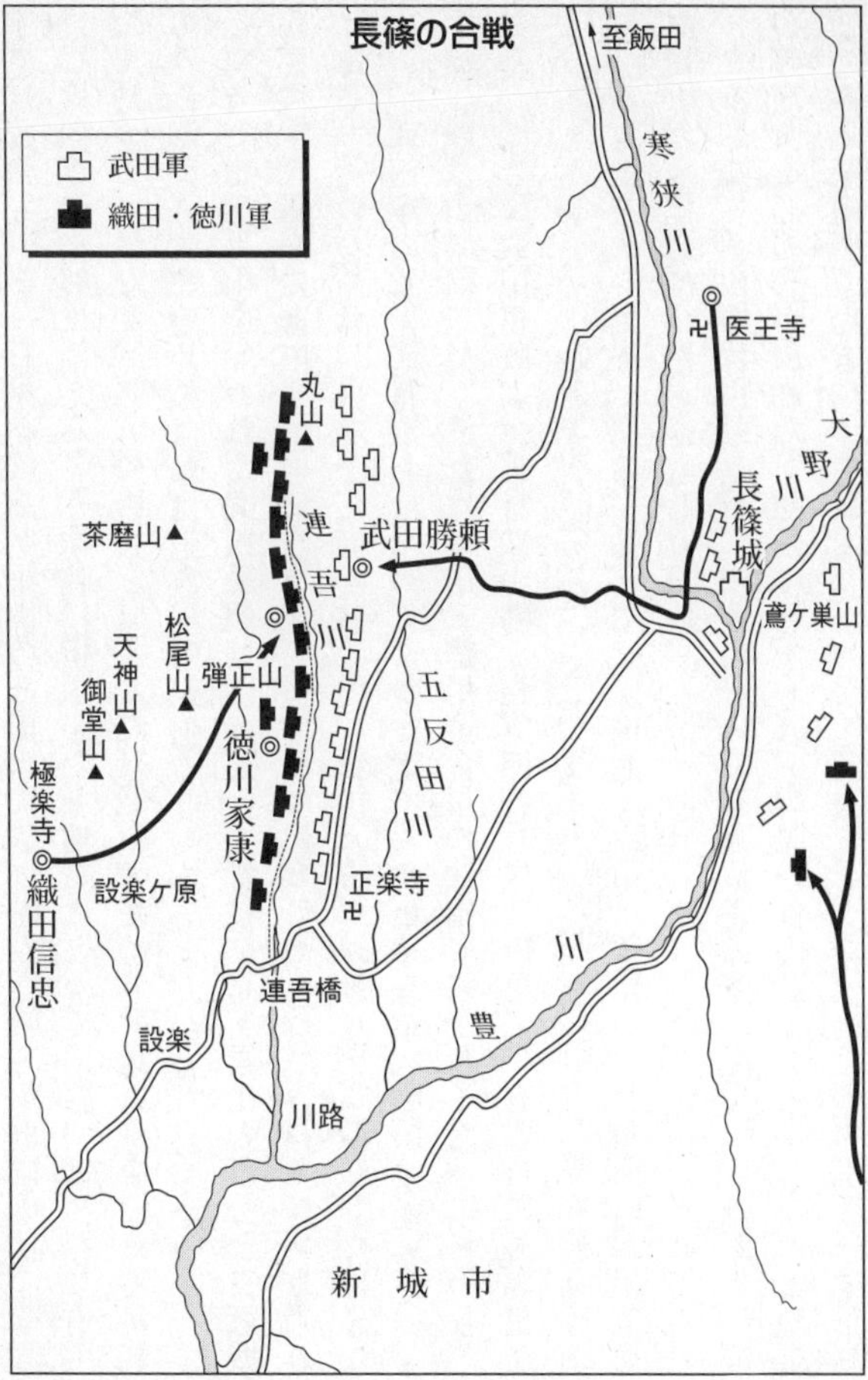
長篠の合戦
武田軍
織田・徳川軍
至飯田
寒狭川
医王寺
大野川
長篠城
鳶ケ巣山
丸山
連吾川
武田勝頼
茶磨山
松尾山
天神山
御堂山
弾正山
徳川家康
五反田川
極楽寺
織田信忠
設楽ケ原
正楽寺
連吾橋
豊川
設楽
川路
新 城 市

乗じて動かし、二一日早朝、鳶ケ巣山の武田軍に襲いかからせて奪取に成功。そして、武田軍の来襲に備えるよう本陣に指示した。信長にとって、勝利は当たり前。ただ勝つのではなく、味方の損害をできるだけ減らすため、窪地に身を埋《う》める足軽の鉄砲隊に、敵に攻められれば退き、敵が退くなら攻めよと命令したのだった。

一方、鳶ケ巣山を奪われた武田勝頼は困惑した。背後に鳶ケ巣山の軍勢と長篠城の籠城軍、正面に織田・徳川連合軍がいる。退くにしても、はさみ打ちにあう恐れがある。それならば、いっそ正面突破して、織田・徳川連合軍を蹴散《けち》らしたほうがいい。武田軍の有力武将たちは、つぎつぎに織田・徳川連合軍へ襲いかかった。

第一陣は山県昌景で、これは織田・徳川連合軍の鉄砲に撃たれるだけに終わり、退却。つぎに武田信廉《のぶかど》、三番目に小幡一党、四番目に武田信豊、五番目に馬場信房と突撃していくが、同じように鉄砲の餌食《えじき》になる。窪地に隠れた足軽鉄砲兵の前に、成す術を失ったのである。加えて、圧倒的な織田・徳川の大軍の前に、絶望的な気分が蔓延《まんえん》していたのかもしれない。

こうして、武田方は山県昌景、内藤昌豊らの有力武将の多くを失い、一万五〇〇〇のうち一万の兵が倒れた。勝頼はわずか五、六騎の供の者とともに、なんとか長篠の戦場を離脱したと伝えられる。

鳥取城攻め

羽柴秀吉VS吉川経家
凄惨な城攻めの「飢餓地獄」に敗れた吉川

●1580(天正8)〜1581(天正9)年

●毛利攻めの重要な城

豊臣秀吉といえば、城攻《しろぜ》めの名手といわれる。その城攻めの能力が、本格的に発揮されたのが鳥取城包囲戦だ。

織田軍の毛利攻めにとって、鳥取城の攻略はきわめて重要なポイントであった。秀吉は、山陽と山陰の両方から、毛利氏の勢力圏に攻め入っていたが、山陰ルートの最大の難関が鳥取城だったのである。しかし、その攻防戦は、山陰の覇権《はけん》をめぐる天王山になるはずだったが、実際は初期のうちに勝負がついていた。

一五八〇年(天正八)、秀吉率いる羽柴軍は一度、鳥取城を攻めて引き返している。鳥取城内は、秀吉の来襲に大きく揺れた。城主である山名豊国《とよくに》は戦意を喪失し、城を明け渡すつもりだった。この態度に家臣が反発、豊国は城を放り出され、残った家臣は毛利方に援軍を要請する。

この要請に応えて、毛利方が最初に送り込んだ武将が、牛尾元貞《うしおもとさだ》である。ところが、鳥取城方はこれに納得しなかった。「もっと名と実力のある武将を」と求め、そこで送られてきたのが岩見福光城主である吉川経家《きつかわつねいえ》であった。

だが、経家がどれほどの武将であろうと、すでに決着は着いていたようなものだった。毛利方が鳥取城の主将を誰にするかドタバタ劇をしているうちに、秀吉は鳥取城攻略の手はずを整えていたからだ。

●吉川経家入城の前に、兵糧を失いはじめていた鳥取城

羽柴秀吉の軍勢は、一五八一年七月にふたたび来襲、九月には鳥取城包囲の陣を完成させた。この陣を完成させる以前から、羽柴秀吉の高等戦術はスタートしていた。

秀吉の命により、前年秋に若狭から来た商人の船が、因幡《いなば》(鳥取県)の米を高値で買い占めていたのだ。因幡の米はつぎつぎと売られていき、一説には鳥取城の備蓄米さえもひそかに売られたという。

また、羽柴軍は因幡地方の農民にわざとひどい仕打ちをして、鳥取城に逃げ込ま

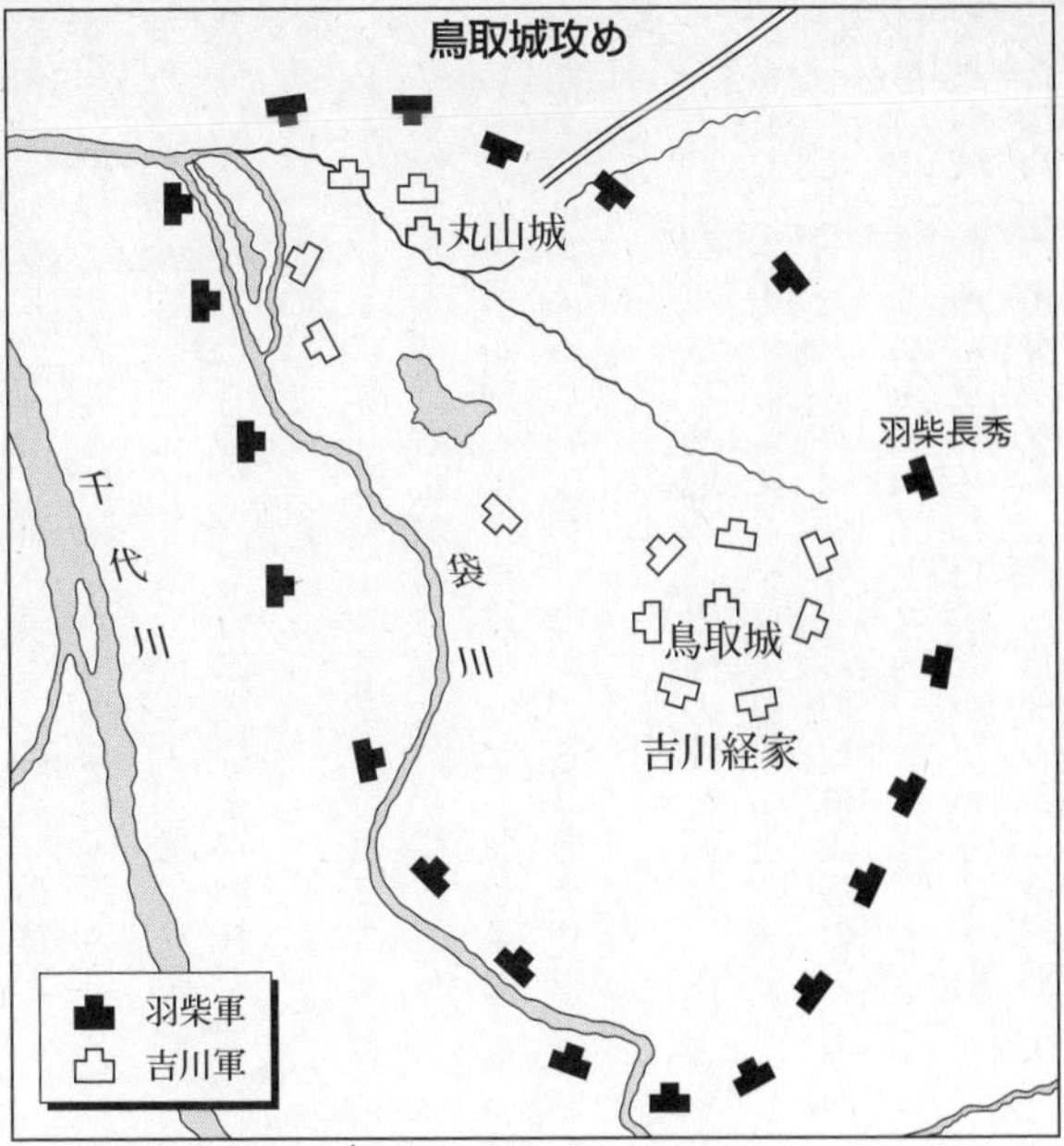

せた。彼らに、鳥取城内の食糧を食べさせるためだ。

秀吉は、一五七八年以来の三木城(兵庫県)包囲戦により、兵糧攻めの方法を学びとっていた。三木城では不慣れな部分もあったが、鳥取城ではより周到に進められた。一方の毛利勢は、三木城兵糧攻めで味方を失っているにもかかわらず、兵糧攻めへの配慮がなさすぎた。

一五八一年三月、吉川

経家が鳥取城に入った。経家は、この戦いの鍵が食糧の確保にあることに気づいており、予想外に城内の米が少ないことに不安を抱いた。そこで備蓄に励もうとしたものの、秀吉に先手を打たれているだけに後の祭りだった。

もともと経家には、この年の冬まで持ちこたえることができれば、活路が開けるという目算があった。鳥取に雪が降れば、雪対策のない羽柴軍は包囲をあきらめるというわけだが、冬はあまりに遠すぎた。

二万の羽柴軍は、鳥取城に包囲の陣を敷き、柵《さく》や塹壕《ざんごう》などを用いて全長八キロにおよぶ包囲網をつくっていった。これにより、鳥取城は食糧の入手ルートを完全に断たれてしまう。

鳥取城が窮地に立たされたにもかかわらず、毛利氏はなかなか動かなかった。じつのところ、毛

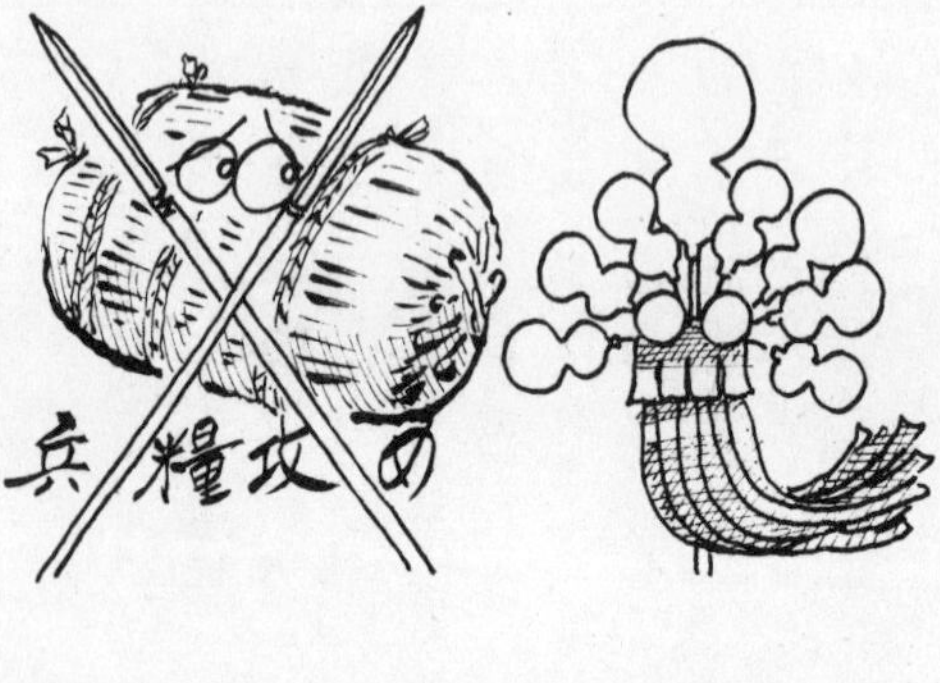

利氏家臣団は一枚岩《いちまいいわ》でなく、当主の毛利輝元も補佐役の吉川元春《もとはる》も、安易に動くことができなかったのだ。逆に、織田方では毛利軍が動くという噂《うわさ》を聞きつけて、信長みずからただちに本隊を率いて、毛利勢との決戦に出撃をかけようとした。毛利軍の動きが鈍いとわかり、出陣は取りやめられたが、信長の積極性とは正反対に、毛利方は鈍重なままであった。

毛利方は、ようやく九月に、吉川元春の子・元長《もとなが》の軍が鳥取城救援に向かう。しかし途中の羽衣石城で、織田方の足止めを食い、鳥取城に行き着くことができなかった。

また、毛利勢は八月には海路、鳥取城への補給を試みた。鳥取城の近くを流れる千代川からなら補給が可能と考えたのだが、秀吉はこれをあらかじめ読んでいた。毛利の補給船は、織田方の船に千代川河口で沈められてしまう。

こうして、応援も補給も遮断《しやだん》されたため、鳥取城内は九月には飢餓《きが》地獄に陥る。草の根はもちろん、ついに死人の肉まで食べはじめる状況となった。城内から脱出しようとする者もいたが、羽柴軍は容赦なく鉄砲で追い返した。

城内に人が多いほど、飢餓地獄は深まるからだ。ついに、吉川経家は開城を決意。交渉のすえ、自分の命と引き換えに兵を助命する約束を交わし、一〇月二五日に切腹した。

鳥取城兵たちの衰弱ぶりを哀れに思った秀吉は、彼らに食事を提供した。だが、飢えた彼らは、一時に食べすぎて、急死する者が続出したという。

鳥取城攻めは、のちに「鳥取の渇殺し」と評されることになる。秀吉は、この鳥取城攻めで、兵糧攻めという戦法を完成させたのだった。

◉六章

天下人の座をめぐる猛攻！

信長の挫折から秀吉の天下統一へ

本能寺の変

明智光秀VS織田信長

無敵の信長を倒す千載一遇の好機をつかんだ野心家

●1582（天正10）年

●主君をあざむいた光秀の真意とは？

本能寺の変は、戦国時代だけでなく、日本史のなかでも最大級の謎の事件である。

事は、一五八二年（天正《てんしょう》一〇年）五月、備中高松城《びっちゅうたかまつじょう》を水攻めにした羽柴秀吉軍の前に、毛利軍の主力があらわれたところにはじまる。

この報を聞いた信長は、毛利軍を一気に壊滅させるため、みずから軍勢を率い、駆けつけることを決意する。信長は明智光秀にも中国地方への出陣を命じ、中国方面に織田の大軍が派遣《はけん》されることになった。

五月二九日、信長はわずかな近臣とともに京都・本能寺に入った。一方、明智光秀は居城・丹波《たんば》亀山城（京都北部）で出陣の準備を整え、二七日には愛宕山《あたご》にこもり、戦勝祈願をしている。このとき、光秀は、すでに信長打倒を決断していたとみられる。京都に入る信長、信忠《のぶただ》親子の周辺にはわずかな兵力しかなく、みずからは大軍を率いている。光秀はこの千載一遇の機会に下克上の道を選んだのだ。

光秀の真意については、後世さまざまに推理されてきた。

・徳川家康の接待を命じられた光秀は、ここで粗相《そそう》し、信長に怒られ恨《うら》みを抱いた。

・革新的な性格の信長に、保守的な性格の光秀はついていけなかった。

・光秀は出世競争で秀吉に差をつけられ、将来、信長に始末される不安を抱いた。

これらに加え、最近は次のような説も出ている。

・当時、朝廷と信長は対立状態にあり、光秀は朝廷側にまわった。

・南蛮《なんばん》勢力にとって信長はじゃまな存在であり、光秀は信長打倒役になった。

真相は闇の中だが、光秀はフロイスの『日本史』にも伝えられるように、野心家であり自信家でもあったようだ。信長に等しいか上と、みずからの能力に自信を抱く野心家なら、信長のかわりに天下を取りたいと思っても不思議ではない。

二八日、光秀は愛宕山で里村紹巴《じょうは》らと連歌《れんが》の会を催している。光秀の発句《ほっく》は「時は今あめが下しる五月哉《さつきかな》」である。

後日の解釈では、美濃・土岐《とき》氏の子孫といわれる光秀が、天下を握るときがきたという決意を詠《よ》んだとされる。

●逃げ足の早い信長も、本能寺では逃亡をあきらめた

六月一日午後一〇時ごろ、光秀は軍勢一万三〇〇〇を率いて亀山城を出発、途中で明智秀満《ひでみつ》、斎藤利三《としみつ》らの重臣に、信長を討ち、天下の主となる計画を語る。

明智軍は、中国路への三草越えの途中で方向を変え、京都に向かった。明智軍の兵は、真のターゲットを知らずに動き、やがて桂川《かつらがわ》を渡る。そこから先は京都であり、光秀はこのときはじめて、敵が本能寺にあることを軍勢に告げる。

明智軍が本能寺を取り囲んだのは、翌六月二日の明け方六時ごろとみられる。信長はちょうど顔を洗っているところだったが、周囲の様子がおかしい。やがて鬨《とき》の声があがり、森蘭丸が光秀の謀叛《むほん》を知らせてきた。

信長はこのとき、「是非《ぜひ》におよばず」といったといわれる。これまで何回となくすばやい逃げ足で危機を切り抜けてきた信長だが、光秀相手に敗北、死をさとったようだ。

信長は、みずから弓と槍をとり奮戦したが、負傷してしまう。ここで抵抗をあきらめ、殿中の奥深くの部屋に入り、鍵をかけた。そして火を放ち、自害した。明智軍が本能寺の囲みを解いたのは午前八時ごろ。わずか二時間で、天下の形勢は変わってしまったのだ。

信長を討ち果たした光秀は、信長の嫡子・信忠の存在も忘れていなかった。本能寺の囲みを解いたあと、すぐに信忠がいる二条御所を取り囲んでいる。

二条御所には誠仁《さねひと》親王がいたので、信忠は誠仁親王の救出を要請。光秀もこれを受諾し、誠仁親王が二条御所を離れたあと、明智軍の攻撃がはじまり、信忠はここで自害している。

信長・信忠父子を倒した光秀は、反逆者扱いを受けるどころか、六月四日には朝廷から、信長も任じられていなかった征夷大将軍の座を受け取っている。もう少し時間があれば、光秀は畿内の地盤をかため、時代に受け入れられたかもしれなかった。しかし、それが一気にくずれるのは、羽柴秀吉の軍勢が思いも寄らない早さで引き返してきたからだった。

備中高松城の戦い

羽柴秀吉VS清水宗治
堤防を築き「水攻め」の奇策で度肝を抜かせた秀吉

●1582（天正10）年

●わずか一二日で堤防を完成

羽柴秀吉が、織田方の一介の武将から、天下の覇者《はしや》になるには、何らかの偶然か陰謀が必要だった。その偶然・陰謀を招き寄せたのが、備中高松《びっちゅうたかまつ》城（岡山市）の攻防戦である。

三木城、鳥取城を兵糧攻めで攻略した羽柴秀吉は、一五八二年（天正《てんしょう》一〇）に備中へ入る。備中（岡山市）では、宮路山《みやじやま》城、冠山《かんむりやま》城と二つの城を簡単に攻め落とし、備中高松城の攻略に取りかかった。

備中高松城は、三方を沼に囲まれ、残る一方は広い堀で、敵を寄せつけない構造になっていた。毛利勢にとって戦略上の重要拠点であり、これを破られると、ますます苦しい戦いとなる。その備中高松城を守るのは、清水宗治《むねはる》である。清水宗治は、小早川隆景《こばやかわたかかげ》に属し、毛利にとっては外様格《とざまかく》の武将だった。

そこに目をつけた秀吉は、備中、備後（広島県）の二か国を与えることで寝返りを誘った。しかし清水宗治はこれを拒否。羽柴軍は力攻めに切りかえた。四月二七日、総攻撃を加えるが、数百の兵士を失い、撤退《てったい》することになる。

秀吉は、三木城、鳥取城と同様の兵糧攻めを決断する。軍師・黒田官兵衛《くろだかんべえ》のすすめもあり、このとき選んだ作戦は、水攻めにより、備中高松城を水中に孤立させるというものだった。

備中高松城の近くには、足守川《あしもりがわ》が流れている。この足守川の西側に大堤防をつくれば、いつか足守川は氾濫《はんらん》し、東の備中高松城の周囲を海のようにしてしまう。ちょうど梅雨が近かったため、足守川の増水を見込んでの作戦である。

このときつくられた大堤防は、全長三キロとも四キロともいわれ、高さは七メートルもあったという。これを羽柴軍は、一二日間で完成させたとされる。ただ江戸時代中期の地理学者・古川古松軒《こしょうけん》によると、そんな大堤防ではなく、せいぜい三〇メートル程度だったという。

いずれにせよ堤防が完成したあと、雨が降りはじめ、秀吉の思惑どおり、足守川は氾濫、備中高松城は水の中に孤立してしまった。

●信長の死を秘匿したまま交渉した秀吉

備中高松城の危機を前に、それまで腰の重かった毛利勢も立ち上がった。本拠・安芸《あき》から総大将の毛利輝元《てるもと》、それを補佐する吉川元春《もとはる》、小早川隆景《こばやかわたかかげ》らが出陣し、備中高松城救援に駆けつけた。

これに対し、羽柴側は防衛線を固めていた。堤防をこわされないよう、堤防の西に塀と垣根をつくり、約一八メートルに一つの割合で櫓《やぐら》を立てていたのだ。この備えの前に毛利軍は手出しができず、備中高松城は孤立したままだった。そこで、毛利氏が選んだのが講和である。僧侶である安国寺恵瓊《あんこくじえけい》を秀吉の陣に送り、交渉にあたらせた。秀吉側の講和条件は、備中、美作《みまさか》、伯耆《ほうき》、備後《びんご》、出雲《いづも》の五国の割譲と、城主・清水宗治の切腹だった。これに毛利側は難色を示し、交渉は難航した。

秀吉は毛利方と交渉する一方、信長に毛利軍の主力が出陣していることを知らせていた。信長にすれば、これは西国制覇《せいは》へのまたとない機会であった。毛利軍の主力はこれまでなかなか前面に出てこなかった。それがついに出てきた。これを機に、毛利氏を一気に壊滅させ、九州の平定までを考えていた。ただちに、明智光秀らを中国遠征に向かわせ、みずからも決戦の陣頭に立つつもりでいた。

ここで、明智光秀の裏切りがなければ、信長率いる織田軍と毛利軍が激突し、そ

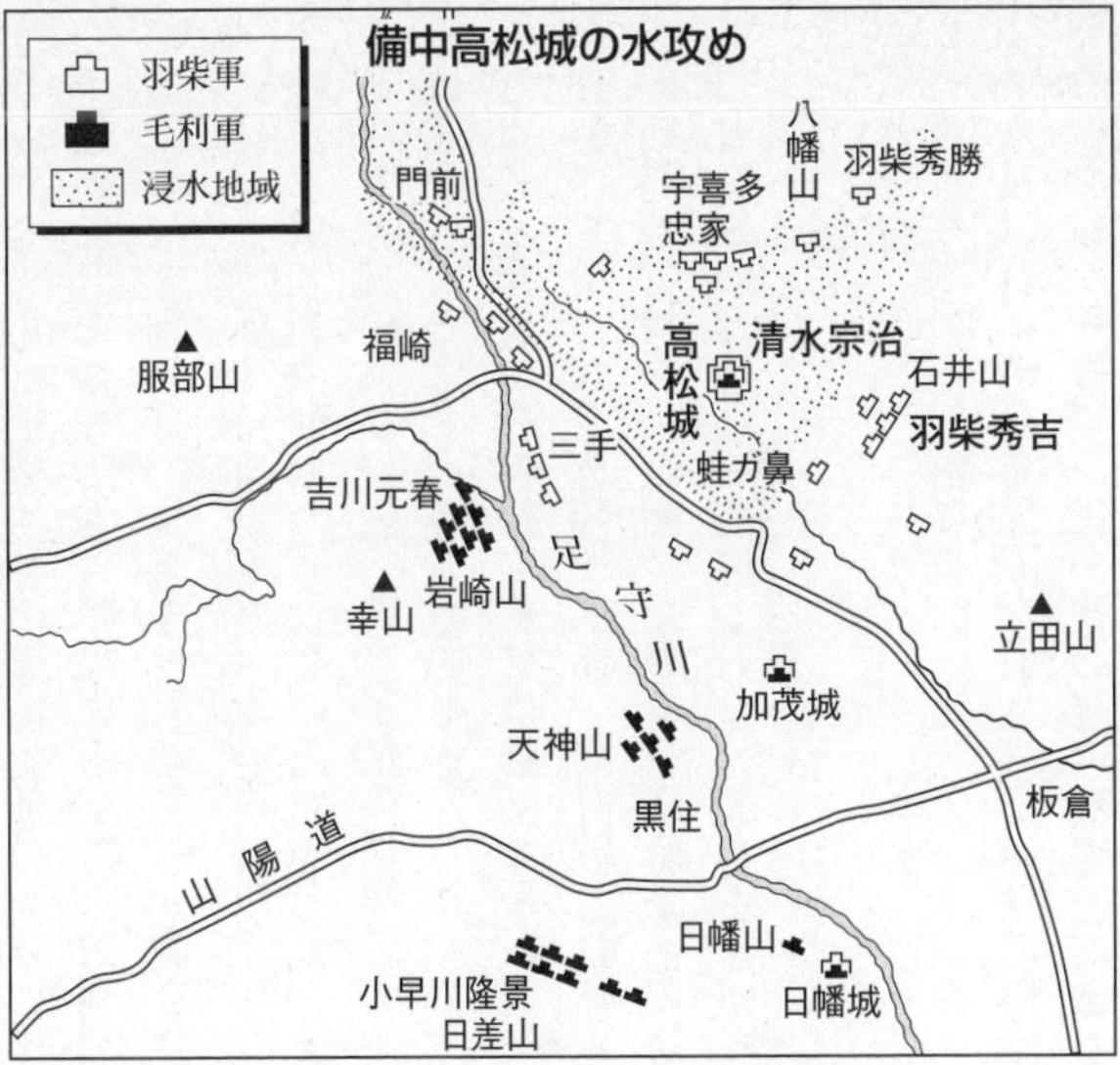

の勝敗によって備中高松城の運命も変わっていたかもしれない。ところが、明智光秀は六月二日の早朝、本能寺で織田信長を討ち果たす。これにより、備中高松城をめぐる戦いの様相は一変した。

明智光秀は、信長を倒したことを知らせるべく、ただちに毛利方の小早川隆景に書状を送った。ところが、その使者は六月三日夕刻、小早川隆景でなく、誤って秀吉の陣へ駆け込んでしまった。信じがたい話だが、歴史上ではそう伝えられている。

確実を期して複数の使者を用意

※地図参考:『本能寺の変・山崎の戦』(春秋社)高柳光寿

しなかったのも、明智方の大きな失態であった。

事態の急変を知り、秀吉は思いもよらぬ窮地に立たされたことをさとる。毛利勢が信長の死を知れば、交渉を打ち切り、決戦を挑んでくるだろう。加えて、明智軍から背後を襲われる可能性もある。

秀吉は講和を決断した。信長の死を隠したまま交渉し、備中、美作、伯耆の三国の割譲と、備中高松城主・清水宗治の切腹による講和となった。六月四日、清水宗治は城から舟で出て、舟上で切腹した。

ただし、秀吉はその後すぐには動かなかった。あまりに早く動いたのでは、毛利方に何かを悟られる危険がある。六月五日は陣をそのままにした。

毛利勢が信長の死を知ったのは、清水宗治の切腹直後だったとされる。だまされたことを知った毛利の首脳からは、秀吉を討つべしという声があがった。

これに対し、小早川隆景は、いったん講和がなった以上戦うべきではないと押しとどめた。

秀吉は、このひと言に救われた。

翌六月六日、毛利方は陣を引きはらいはじめ、それを確認した秀吉の軍勢は東へと急行する。秀吉、一世一代の賭《か》けはすでにはじまっていた。

山崎の戦い

1582（天正10）年

羽柴秀吉VS明智光秀

高松城攻めから中国大返しを強行した秀吉の読み

●光秀の大誤算とは？

「勝利の女神は、大軍に宿る」といわれる。それをつねに地でいったのが、羽柴秀吉だ。明智光秀の軍勢と戦った山崎の合戦は、光秀よりも一足早く大軍を集めることのできた羽柴軍の当然の勝利となった。

織田信長を討ち、天下の主への道を歩むかにみえた明智光秀だったが、早くも大きな誤算が生じていた。毛利と講和した羽柴秀吉の軍勢が、想定外のスピードで畿内へと迫ってきたのだ。

光秀は、信長を倒した書状を、羽柴軍と対峙《たいじ》していた毛利方に送っていた。毛利方が信長の死を知れば、羽柴軍に対して強硬にでることを期待してのことだ。ところが、その書状が羽柴方の手に落ち、毛利方は講和の段階まで信長死去の知らせを知らずにいた。結果的に、毛利勢は羽柴軍を東へ逃がす格好となり、羽柴軍は背後の恐怖を感じずに進軍できたのだ。

秀吉には、光秀の軍勢を上回る大軍を集める目算があった。最大のねらいは、四国攻め軍団の吸収である。本能寺の変の当時、信長の三男・信孝は、丹羽《にわ》長秀《ながひで》とともに摂津《せっつ》で四国攻めの軍団の準備をしていた。信長死去の報が流れるや、兵士の離反が相次ぎ、軍団は崩壊の危機に瀕《ひん》していた。そこへ、羽柴軍が東上してきたのだ。四国遠征の軍は形を取りもどし、羽柴軍はこれを取り込んだ。羽柴軍は、中国方面軍と四国方面軍の二つの軍団にふくらんだ。

また秀吉は、畿内の多くの諸将に、信長は死んでいないというニセの書状を送った。信長が死んでいないのなら、明智方に味方するわけにはいかない。畿内の諸将には、明智方につくのをためらう者が多くなった。

羽柴軍との一戦を避けられなくなった光秀も、畿内で一人でも多くの武将を味方につけようとした。娘の嫁ぎ先である細川幽斎《ゆうさい》・忠興《ただおき》父子にも、味方となるよう書状を送った。ところが、細川父子はこれを拒否、傍観の姿勢をとった。四男が養子にいっている筒井順慶《じゅんけい》にも誘いをかけた。筒井順慶は一度承諾したものの、やはり途中から傍観を決め込んだ。

また、畿内の安定に気を配る必要があったため、重臣の明智秀満《ひでみつ》を安土城に置いたままにせざるをえなかった。これが、ただでさえ少ない明智軍の戦力分散につながってしまった。

●山崎での迎撃も、羽柴軍を止められなかった

六月一二日、羽柴軍は四万近い軍勢で淀川《よどがわ》の横を北上、一方の明智軍は一万七〇〇〇で迎撃に向かった。軍勢の数には諸説あるが、羽柴軍が明智軍のほぼ二倍だったことはたしかである。兵力の圧倒的な差を感じ取った光秀が、それでも打って出たのは、征夷大将軍となったプライドがあったともいわれる。

後世からみればすでにその時点で勝負はあったが、情報が錯綜《さくそう》していた当時は、まだ勝敗の予想はむずかしかった。

その典型が、筒井順慶や細川父子である。彼らは明智方につかなかったが、羽柴方にもつかなかった。戦いはどちらが勝つかわからないので、勝者につこうという算段だった。それだけ、光秀と秀吉の実力は拮抗《きっこう》していると、当時の武将たちは見ていたのだ。

光秀が選んだ決戦の地は、山崎である。山崎は京都と大坂を結ぶ街道の狭い地形

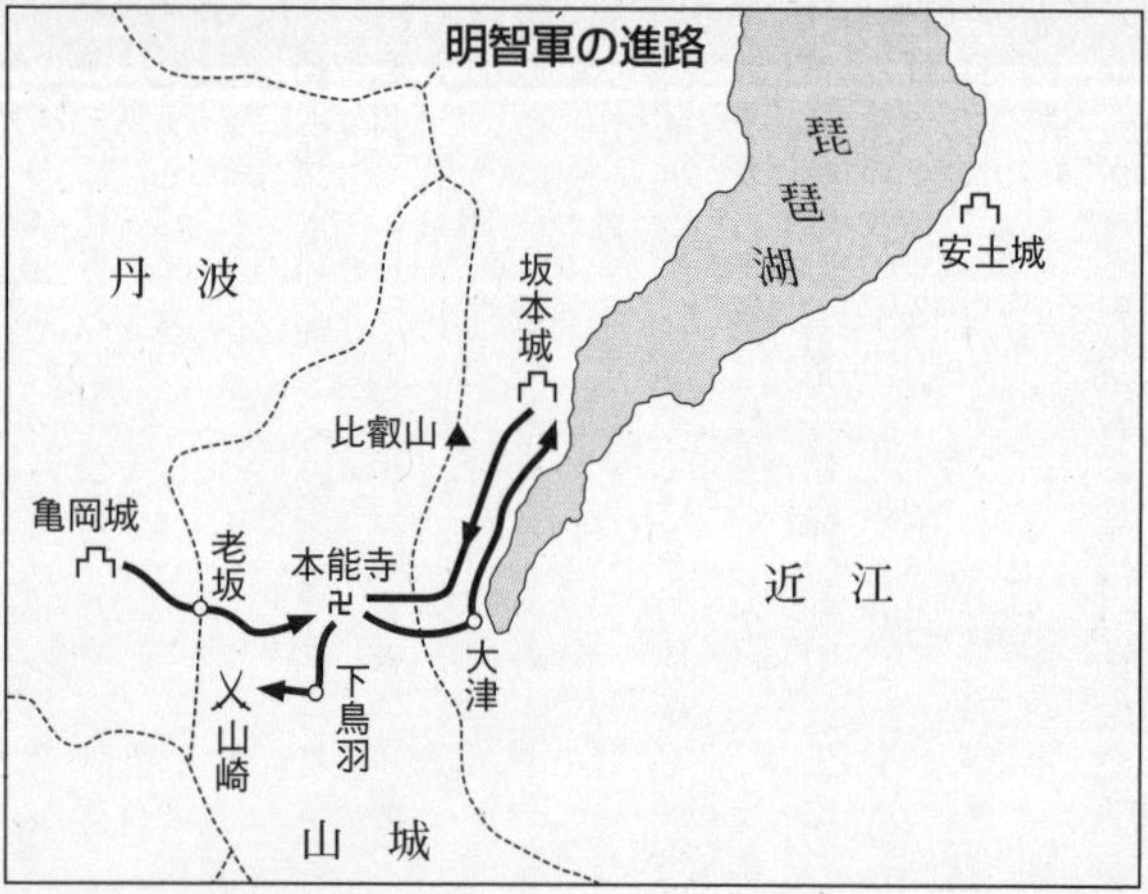

明智軍の進路

で、大軍を動かしにくい。数で劣る明智軍も、山崎でなら互角《ごかく》に戦えると踏んだ。

六月一二日、羽柴方の中川清秀《きよひで》は、山崎近くの天王山《てんのうざん》を占拠した。この天王山では明智軍の先鋒と小競り合いがあっただけで、決戦は翌一三日に持ち越しとなった。

一三日は昼になっても、戦いははじまらなかった。織田軍団を代表する武将同士の対決だけに、どちらも容易に手が出せなかったのだ。夕方四時になって、明智方の並河易家と松田左近の部隊が攻勢をかける。だが、中川清秀、黒田孝高《よしたか》、神子田正治の部隊を切りくずせず、逆に数の力で押し込まれてしまった。

これを機に一気に激戦となり、数にまさる羽柴方がじりじりと押していった。ついに、羽柴方の池田恒興《つねおき》、加藤光泰、木村隼人、中村一氏らの軍勢が、明智の主力・斎藤利三隊を包囲し、撃破《げきは》する。この斎藤利三隊の敗北により、大勢は決し、明智軍は総くずれになる。戦いは、わずか二時間余りで決まってしまった。

光秀は勝竜寺城に陣取っていたが、ここにも羽柴軍が迫ってきた。光秀は再起をはかるため、夜ひそかに勝竜寺城を脱出、居城・坂本城に向かった。

途中、山科小栗栖《おぐるす》で、藪《やぶ》にひそんでいた農民の竹槍が、光秀の脇腹を突き刺した。腸が飛び出るほど傷は深く、ここで光秀は観念し、家臣の溝尾庄兵衛に介錯《かいしゃく》させた。光秀がめざした坂本城には、明智秀満が一四日に入り、その財宝をすべて羽柴方に渡したあと、切腹した。

後世の合戦譚《かっせんたん》では、天王山の攻防こそ山崎の戦いの鍵とされ、勝負の分岐点を「天王山」ともいうようになった。しかし、実際には天王山はさほど重要ではなかったようである。

この戦いで、羽柴方の戦死はおよそ三三〇〇、明智方が三〇〇〇あまり。これは、数的劣勢にあった明智軍の善戦を物語る数字といえるだろう。しかし、その明智軍の善戦を切りくずすだけの大軍を、秀吉は用意していたのである。

賤ケ岳の戦い

羽柴秀吉VS柴田勝家
信長後継者をめぐって展開された激突

●1583（天正11）年

●天下人への必然の戦い

山崎の戦いで明智光秀を滅ぼした羽柴秀吉には、天下が見えてきた。その秀吉にとって、てごわい障害となったのが、同じ織田家の武将だった柴田勝家である。柴田勝家の武将としての力量には定評があったが、冷酷になりきれないところがあったため、勝家は秀吉に屈することになる。一五八二年（天正一〇）、天下をねらう秀吉に反対する勢力は、柴田勝家を押し立てた。織田信長の三男・信孝、信長の家臣だった伊勢の滝川一益《たきがわかずまさ》らが柴田と結び、羽柴方と対立を深めていったのだ。

先にしかけたのは秀吉である。同年一一月、北陸を根城《ねじろ》とする柴田勝家が雪で動けなくなるのを待ち、近江長浜城にあった勝家の養子である勝豊《かつとよ》を寝返らせ、さらには織田信孝の岐阜城を包囲した。ここで、信孝は一度、屈伏《くつぷく》する。翌一五八三年二月には、伊勢の滝川一益軍を攻め、各地で機動戦を展開している。

柴田勝家の軍が動いたのは、雪のとけた三月のことである。このとき、北近江・木之本《きのもと》には、秀吉がすでに砦をかまえていた。柴田軍二万数千は北近江まで進出し、木之本の羽柴軍と対峙する。羽柴軍は七万といわれ、優位に立っていたが、互いに手を出さず膠着《こうちゃく》状態がつづいた。

羽柴軍が動けないのは、後方にいる美濃の織田信孝がどう動くか気になっていたからだ。織田信孝がふたたび挙兵すれば、羽柴軍ははさみ打ちにされる。美濃の動向を見つめていたところ、信孝が兵をあげ、岐阜城を攻めはじめたという情報が届いた。秀吉はみずから二万の軍を率いて、岐阜城救援に向かった。

●前田利家の裏切りに敗れた

秀吉が木之本の陣から去ったのを機に、柴田軍の先鋒・佐久間盛政は木之本への奇襲を主張する。しかし勝家は、秀吉の謀略と機動力を心配し、迷う。結局、佐久間盛政に押し切られ、勝家は深入りしないよう念を押し、奇襲を決断する。

四月一九日深夜、柴田方の佐久間盛政隊は、中川清秀の守る大岩山砦に奇襲をかけ、落とす。その報は翌二〇日午後には早くも、大垣の秀吉に伝えられ、秀吉は一

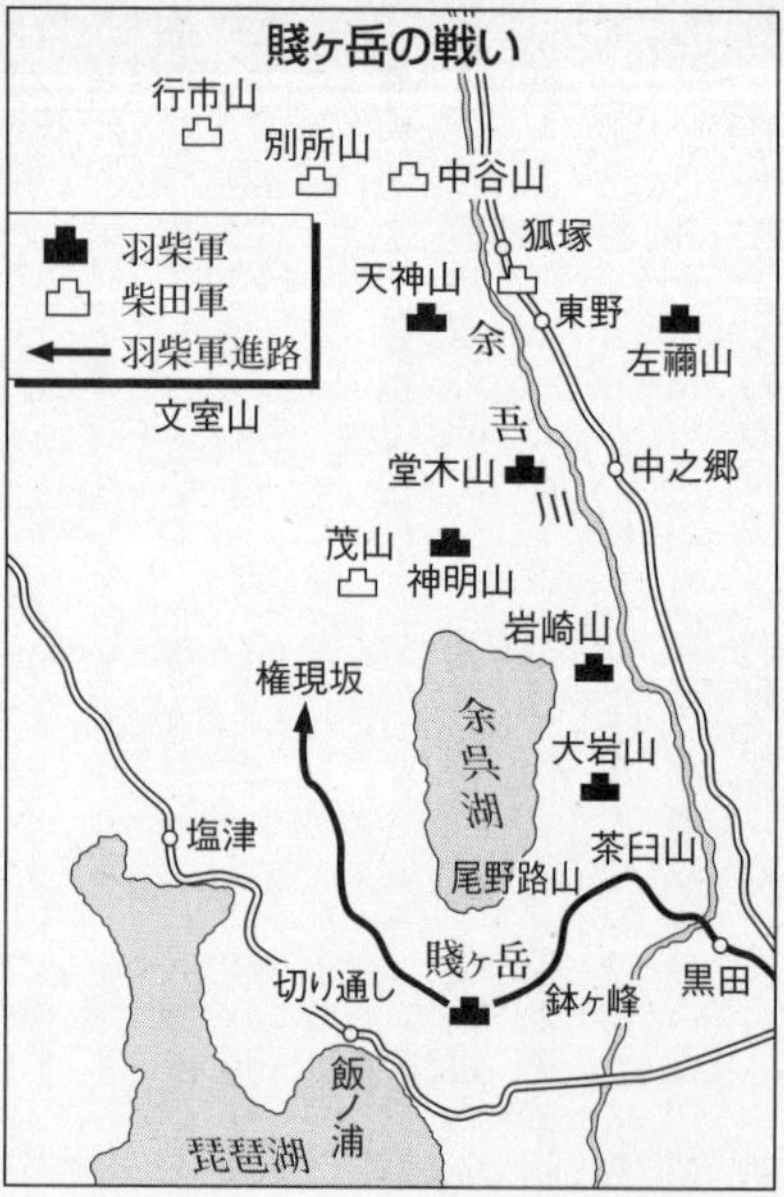

気に軍勢を木之本まで取って返す。大垣から木之本までは五十数キロあるが、これをわずか五時間で移動し、午後八時から九時ごろには木之本に入った。

秀吉は、柴田側の攻勢を予想し、大垣から木之本までの街道に松明《たいまつ》と握り飯を用意させておいたのだ。その用意周到さが、電撃的な引き返しを成功させた。

秀吉の予想もしないすばやい帰陣に、佐久間盛政は大岩山砦の放棄《ほうき》を決定し、撤《てっ》退《たい》をはじめる。羽柴軍は撤退する佐久間隊を追撃したため、柴田軍全体が圧迫を受けはじめた。柴田軍の陣立てでは、勝家の本隊の前に、前田利家が茂山で陣取っていた。撤退する佐久間隊を前田利家が自陣に引き入れ、羽柴軍を食い止めれば、戦いの様相は違ったものになっただろう。けれども、佐久間隊が茂山に到着したとき、前田隊の姿はなかったという。前田利家は、消極的な形で柴田勝家を裏切ったのだ。前田利家は長く柴田勝家の指揮下にあり、勝家には世話になっていた。その一方で、昔から秀吉とも仲がよく、勝家と秀吉の間にはさまれるという、むずかしい立場にあった。そしてギリギリの場面で、どちらにもつかない立場を取ったのである。前田隊の撤退で、柴田軍は本陣までがガラ空きとなった。

羽柴軍は、賤ケ岳《しずがたけ》周辺で柴田軍をなおも攻撃し、秀吉本隊も側面から勝家の本陣を攻撃した。柴田勢は総くずれとなって、北へ逃走をはじめた。

勝家は居城・北ノ庄《きたのしょう》城に逃げる途中、前田利家の越前府中城に立ち寄っている。勝家は利家の裏切りを責めることなく、長年の奮闘に感謝の言葉を述べ、さらにはこのあと秀吉を頼るよういったといわれる。利家の撤退を裏切りと考えず、それを認め、利家の未来を案じる人のよさが勝家にはあった。

四月二三日、羽柴軍は勝家の居城・北ノ庄城を包囲。勝家には織田信長の妹・お市と彼女の三人の娘がいたが、お市は勝家とともに死を選び、三人の娘は羽柴軍に渡された。翌二四日、羽柴軍の総攻撃の前に北ノ庄城は炎上、陥落。勝家は自刃した。かくして、羽柴秀吉は、織田家臣団の天下取り競争に勝ち残ったのである。

小牧・長久手の戦い

1584（天正12）年

羽柴秀吉vs徳川家康
因縁の宿敵が戦わなければならなかった決戦

●秀吉と家康の対決の始まり

合戦には、敵を打ち滅ぼすというより、相手に自分の力量を見せつけておくのが目的という戦いもある。その最大級の合戦が、小牧《こまき》・長久手《ながくて》（愛知県）の戦いだ。

明智光秀、柴田勝家という織田家臣団の実力者を破った羽柴秀吉は、実質的に天下を手中にしたも同然だった。すでに単独で立ち向かえる相手はなく、一五八三年（天正一一）には、石山本願寺の跡地に大坂城を築き、防御体制も万全だった。

残されたのは、四国、九州、東日本の平定だが、その前に片づけておかなければならないのが、東海の徳川家康だった。秀吉の軍勢の実力を見せつけたうえで、徳川を滅ぼすか臣従《しんじゅう》させなければならない。

一方、家康にすれば、このまま秀吉方が巨大になっていくと、自分たちが滅ぼされかねない。自分たちが一筋縄では倒せない力をもつことを見せつけておく必要があった。

そんな両者の思惑のなか、合戦のきっかけをつくったのは、織田信長の次男・信《のぶ》雄《かつ》である。信雄は、秀吉の主筋であるだけに、天下人のようにふるまう秀吉に我慢《がまん》がならなかった。そこで、徳川家康を頼って同盟関係を結び、秀吉に対抗しようとした。この報を聞いた秀吉は、信雄の三人の家老を招き、いさめるように告げた。それを知った信雄は、その三人の家老を殺してしまう。これが事実上の宣戦布告となって、秀吉軍と徳川軍が動きはじめる。

兵力の点では圧倒的に不利だった徳川家康は、かつて反織田包囲網があったように、反秀吉包囲網を築こうとした。四国の長宗我部元親《ちょうそかべもとちか》、紀州の根来衆《ねごろ》、雑賀衆《さいか》、越中の佐々成政《さっさなりまさ》らと反豊臣同盟をつくり、さらには関東の北条氏の援軍も期待した。

●局地戦で秀吉軍は敗れても、最後は家康に勝ち目がなかった

秀吉の軍勢（西軍）は、一五八四年三月一〇日に大坂城を出発、東へと向かった。徳川軍（東軍）も三月七日に浜松を出発した。一三日には、美濃大垣《みのおおがき》城主・池田恒《つね》

興《おき》が、西軍に味方する手土産にと信雄の下にある犬山城を奇襲で陥落させた。家康はこの事態を見て、一五日に小牧山に本陣を張った。

犬山城にいた池田の女婿・森長可《もりながよし》は、徳川軍の小牧山進出を見て、小牧山から六キロ北の羽黒《はぐろ》に陣を布いた。家康は、配下の酒井忠次、榊原康政らに、羽黒の陣の襲撃を命令。森長可の部隊は敗北し、犬山城に逃げ戻っている。

こんな小競り合いのあと、秀吉は二八日に犬山城に入り、二九日には楽田に布陣した。秀吉が率いる軍一〇万に達し、家康率いる軍は一万五〇〇〇といわれる。これが小牧の戦いだが、両軍はお互いに警戒《けいかい》し、動くことができなかった。

膠着状態がつづくなか、娘婿・森長可の羽黒での敗戦を気づかい、池田恒興は名誉挽回《ばんかい》のため、家康の本領である三河への別働隊の派遣を進言する。三河に別働隊が入れば、小牧山の徳川軍はうろたえ、はさみ打ちにできるだろうというもくろみだった。秀吉は当初難色を示したが、甥《おい》の羽柴秀次《ひでつぐ》までもが大将を志願してきたため、作戦を許可した。

四月七日、羽柴秀次を大将とする池田恒興、森長可、堀秀政らの別働隊一万六〇〇〇は、南下し三河に向かった。だが、すぐに家康の知るところとなる。家康は、榊原康政、大須賀康高らに四〇〇〇の軍勢を与えて先まわりさせ、みずからも小牧

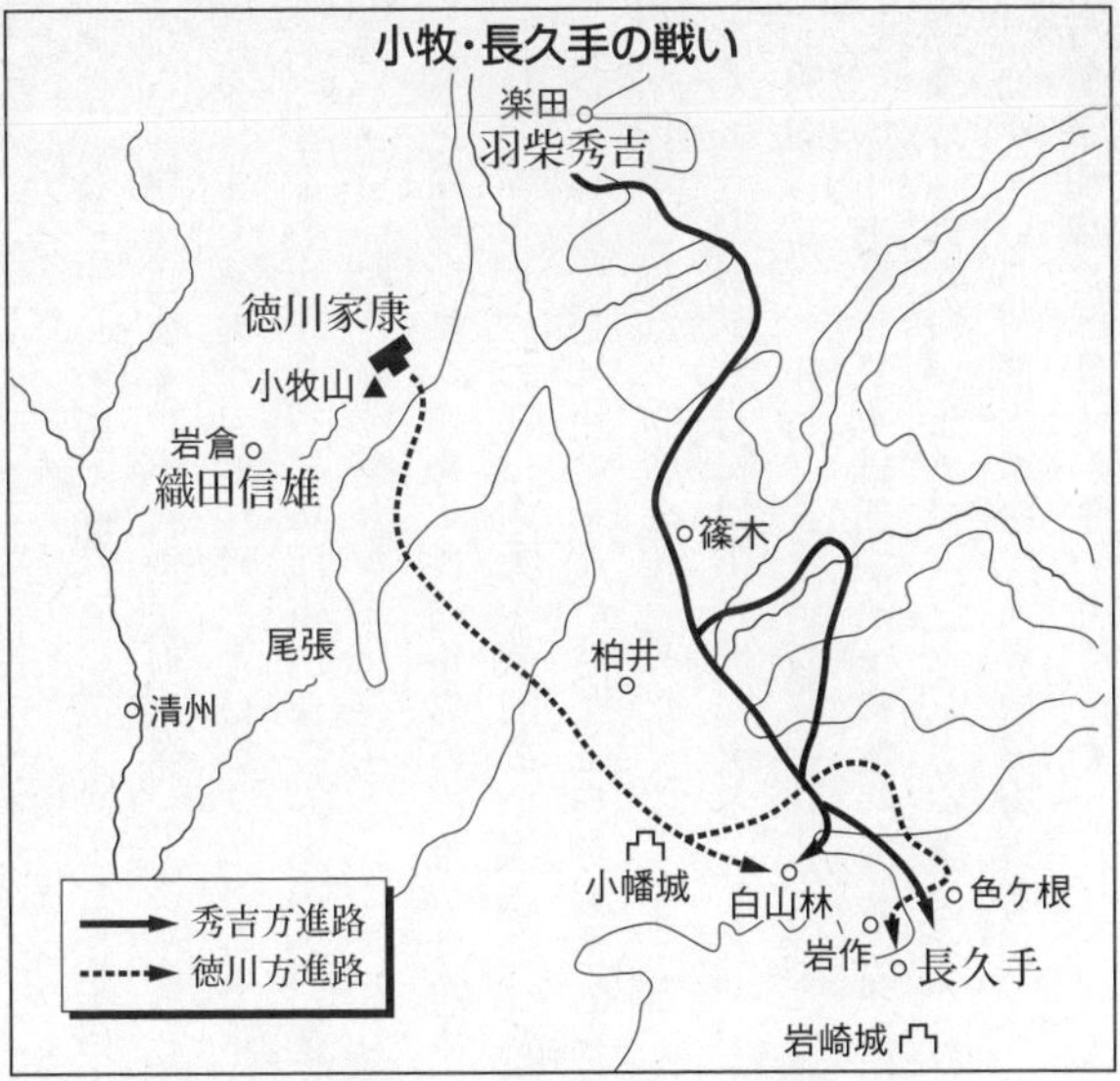

山の陣を出て、西軍の別働隊をはさみ打ちにしようとした。総勢は一万四〇〇〇といわれる。
四月九日朝、西軍は長久手で朝食をとっていた。そこを東軍が奇襲。本隊の秀次隊は総くずれになるが、第三陣の堀秀政《ほりひでまさ》の鉄砲隊が踏みとどまり、東軍・西軍は乱戦状態となった。しだいに、西軍が押され気味となったところに、家康は主力三〇〇〇を投入、森長可の部隊を襲った。森長可は奮戦ののち戦死。同じく池田恒興も陣地を守りつづけるなか、討ち死にした。秀次は命からがら、楽田の本陣に

逃げ戻った。

この長久手の敗戦を聞いた秀吉は、本隊を徳川軍にぶつけようと動きはじめたが、家康軍はすぐに小牧山に引き返した。こうして戦いは、膠着状態となった。

長久手で実力を見せつけたとはいえ、これで東軍に勝ち目が出たわけではなかった。相変わらず兵力には圧倒的な差があった。徳川軍は九月には、一万まで兵力を減らしていたという説もある。

長久手の敗戦後、秀吉は徳川方に直接ではなく、全国的な戦略で実力を見せつけようとする。六月には主力を大浦まで撤退させ、自身は大坂城に戻ってしまう。その後、滝川一益に伊勢を攻めさせ、自身も桑名を攻め、織田信雄を圧迫した。これで、信雄は折れ、秀吉と和睦した。こうなると、徳川軍も小牧山に陣を布く理由はなく、一一月二一日には浜松城に戻る。これで、小牧・長久手の戦いは終了した。

秀吉は、ここからさらに戦略の凄味《すごみ》を家康に見せつけている。翌一五八五年六月、弟・羽柴秀長軍は四国遠征に渡って長宗我部《ちようそかべ》軍を破り、八月には四国を制圧。北条氏は動かないままで、こうして家康のもくろんだ反羽柴包囲網は崩壊《ほうかい》した。

同年一〇月、徳川家康は大坂城で秀吉と和睦《わぼく》、臣従することになった。お互いの実力を知ったうえでの手打ちだった。

小田原城攻め

●1590（天正18）年

豊臣秀吉vs北条氏政

余裕しゃくしゃくの秀吉がじつは薄氷を踏んでいた攻城戦

●「小田原評定」という言葉を生んだ戦い

四国、九州と西日本を完全に制圧した秀吉は、いよいよ東日本の平定《へいてい》にかかった。東日本に残った最大の難敵は、関東の北条氏である。北条氏は、難攻不落の小田原城を根拠とする。城攻めの名手・秀吉は、これまでつちかった攻城術を駆使《くし》して小田原城を攻めた。

北条氏は、早雲《そううん》以来五代にわたって実力を蓄え、関東八か国を支配していた。織田信長の台頭を見て接近をはかるが、信長の死後は徳川家康と結びつき、秀吉方とは敵対的であった。

ところが、頼みの徳川家康が一五八六年（天正一四）、秀吉に臣従したため孤立。秀吉軍の侵攻に備え、小田原城をさらに強化し、周囲約二〇キロの外郭を築きあげた。それは、城も町も収まるほどの大きさであり、周囲には堀がめぐらされていた。

一方の秀吉は、一五八六年に太政大臣となり、豊臣姓を賜《たまわ》る。そして、九州制圧後の一五八七年一二月に「関東・奥羽両国惣無事令《そうぶじれい》」を発布して、関東・東北での大名同士の私闘を禁じた。これは暗に、北条氏へ臣従を求めたものである。

同時に秀吉は、家康を介して北条氏政《うじまさ》・氏直《うじなお》父子に上洛《じょうらく》を命じる。二人はいったん承諾するが、結局のところ上洛しなかった。さらに、北条一族の氏邦の家臣・猪《いの》俣邦憲《またくにのり》が、真田昌幸の支城である名胡桃《なぐるみ》城を奪ってしまった。

これは「関東・奥羽両国惣無事令」への違反であり、北条氏に臣従の意思のないあらわれであった。

一五九〇年三月、秀吉は北条征伐のため、上杉景勝、前田利家ら二二万の軍を動員し、小田原に向かう。対する北条氏は、すべてをかき集めても五万六〇〇〇といわれた。

圧倒的な兵力の差を前にして、小田原城内では軍議がおこなわれた。箱根で迎撃すべきという意見と籠城の意見が対立し、なかなか決まらなかった。この長い評定から「小田原評定《ひょうじょう》」という言葉が生まれた。最終的には、籠城と決まった。

北条氏は、かつて上杉謙信や武田信玄の軍勢の侵攻を、小田原籠城で食い止めてきた。今回の豊臣軍の侵攻も、小田原籠城で打開しようとしたのである。北条氏は小田原城に籠城し、足柄城、山中城、韮山《にらやま》城を結ぶ線を前面の防衛ラインとした。

●北条氏孤立のわけは？

北条氏が前面の防衛線と期待した足柄・山中・韮山ラインは、まず山中城が豊臣勢にわずか数時間で突破されてしまう。豊臣軍は小田原城包囲に取りかかった。

だが、力攻めでは容易には落とせそうもなく、秀吉は兵糧攻めに方針を決める。小田原城を見下ろす石垣山に城を築き、本陣を布いた。石垣山城に秀吉の側室淀殿を招き、連日、茶会や酒宴を開くという余裕も北条方に見せつけた。

その一方、配下の諸将に関東一円にある北条方の城の攻略を命じた。松井田城、安中城、国峰城、八王子城など、北条方の城は次々と落とされ、六月二四日には防衛ラインの韮山城も陥落した。

残ったのは、石田三成が水攻めをしている忍《おし》城と小田原城だけになった。小田原本城の守りに重きを置くあまり、他の城の兵力を薄くしたつけがまわったのだ。

北条氏が援軍としてもっとも期待していたのは、仙台の伊達政宗《だてまさむね》である。伊達政宗が反豊臣にまわり、関東に援軍を送れば、事態を打開できるとも考えていた。だが、伊達政宗は六月五日に小田原に着き、秀吉に臣従した。これにより、小田原城は完全に孤立した。

北条氏政、氏直父子はまだ兵糧があるにもかかわらず、戦いをあきらめる方向に向かう。家康の娘婿でもある氏直は、家康の陣を訪れ、みずからの切腹を条件に兵の助命を嘆願する。

結局、氏直は切腹を要求されず、主戦派と見なされた氏政、氏照《うじてる》の兄弟が切腹することになった。伊達政宗の小田原到着からおよそ一か月後の七月六日、小田原は開城した。

小田原城は、秀吉の前に成す術《すべ》なく落ちた印象が強いが、じつは秀吉にとっては薄氷を踏む勝利だった。フロイスは『日本史』の中で、遠国からやってきた秀吉方の軍は衰弱しており、冬まで小田原城がもちこたえられれば、逆転の目もあったのではないかと記している。

たしかに、秀吉軍は寄せ集めの遠征軍だっただけに、秀吉は戦いが長引けば自分の実力や権威がそこなわれ、つぎにねらう朝鮮半島への遠征に支障をきたすことを心配していたはずだ。そんななか、伊達政宗の臣従が、北条氏の望みを絶ち、秀吉に大勝利をもたらしたのだった。

朝鮮出兵

●文禄の役　1592（文禄元）年
●慶長の役　1597（慶長2）年

豊臣秀吉VS朝鮮・明軍
秀吉の見果てぬ夢は政権崩壊の要因に

●東アジア平定の野望

豊臣秀吉が日本国内を平定したのは、一五九〇年（天正一八）のことである。しかし、まだ四国も九州も平定していない頃から、秀吉は「日本を統一した暁には、大陸まで攻め入る」と豪語していた。彼の最終的な目標は、明《みん》を征服して東アジア全体に勢力を伸ばすことだった。

じっさい、日本統一の二年も前から、対馬の大名、宗義智《そうよしとも》に命じて、李氏《りし》朝鮮との交渉に当たらせていた。日本には十分な海軍力がないため、秀吉は朝鮮半島を通り、陸路、明に侵攻する計画を立て、朝鮮が日本の属国となり、明への先導役を務めることを迫っていたのである。

しかし、朝鮮は拒否する。すると、秀吉は、すぐさま明遠征のための根拠地として肥前名護屋《ひぜんなごや》城の築城を開始し、山内一豊《やまのうちかずとよ》らに命じて軍艦の建造を急がせた。そして、一五九二年（文禄《ぶんろく》元）四月、「朝鮮に明への道を借りる」という名目で、小西行長に有馬晴信、黒田長政、加藤清正、さらに毛利輝元、小早川隆景、福島正則《まさのり》らの率いる約一六万の大軍を朝鮮へと送る。いわゆる「文禄の役」のはじまりである。

その頃、李氏朝鮮では、権力闘争がつづき、指導者層がまとまりを欠き、秀吉軍の侵攻をまったく予期していなかったため、プサンから上陸した秀吉軍に対して、対応が後手にまわる。しかも、朝鮮軍の前線兵士たちは、昔ながらの弓矢を主武器として戦っており、実戦経験豊富な秀吉軍の鉄砲隊に太刀打ちできなかった。

秀吉軍は、城を攻めるさい、まず鉄砲をいっせいに撃ち込み、相手が城壁内に隠れると、竹ばしごをつかって城壁をよじ登り、攻め落としていった。上陸したプサンから一気に攻めのぼり、翌五月には、首都の漢城（現在のソウル）を占領する。

そして、朝鮮人の姓名を強制的に日本名に変えさせ、髪型も日本風に結わせた。さらに、朝鮮の子供たちには「いろは」を教えた。緒戦の快進撃に気をよくした秀吉は、大陸を占領した後は、後陽成《ごようぜい》天皇を北京に迎え、甥の秀次を明の関白に任じるという計画まで口にしていた。

ところが、七月になると、形勢が逆転する。戦線が広がって、日本軍の物資や兵糧が乏しくなったところへ、朝鮮の民衆が抵抗をはじめたのだ。さらに、秀吉軍の弱点だった水軍が、朝鮮水軍に大敗を喫する。日本海の制海権を奪われて、物資の補給路を断たれたことで、秀吉軍は苦境に追い込まれていった。九月からは、明の救援軍が加わり、戦いは膠着状態となった。

●豊臣家没落へのきっかけ

年が明けて九三年になると、どちらともなく和議の動きが出る。五月に、明の使節が来日、秀吉が和議の条件を提案して休戦に同意した。それ以後、秀吉側の講和交渉は、小西行長らにゆだねられた。

しかし、秀吉の提案した条件というのが、明の皇女を日本の天皇に嫁がせる、朝鮮の王子と大臣一、二名を人質とする、勘合貿易の再開という一方的なものだった。明のほうでも、秀吉が降伏したという証《あかし》を要求して、交渉はまったく進まなかった。

休戦から三年後の九六年（慶長《けいちょう》元）、再び明の使節が来日した。秀吉は、降伏使節がきたといったんは喜んだが、明が秀吉の求めた条件を何一つ受け入れようとしないばかりか、明の目的が日本を保護下に置くことだと知って激怒。使節を追い返し、再度の朝鮮出兵を決定した。そして、翌九七年（慶長二）二月、一四万の兵を朝鮮へ送った。この二度目の出兵が、のちに「慶長の役」と呼ばれることになる。

朝鮮と明の連合軍との戦いは、今回も一進一退となった。その中で、秀吉軍は、討ちとった朝鮮兵士や民衆の鼻や耳を切り落とし、塩漬けや酢漬けにして、名護屋城の秀吉のもとへ送りはじめた。それが、諸将らによる「秀吉の野望のために戦い、勝利している」というメッセージだった。

そのうち、彼らは、いかに多くの鼻を送り、秀吉を喜ばせるかを競うようになる。やがて、鼻なら誰のものでもいいと、子供や赤ん坊の鼻まで送るようになった。送られてきた耳や鼻を埋めたのが、京都の豊国《とよくに》神社の耳塚である。

戦況は、相変わらず一進一退だったが、九八年（慶長三）八月、秀吉が死んだことで、徳川家康を筆頭とする五大老が撤退を決定する。一〇月から一一月にかけて秀吉軍が全面的に退却して、文禄の役と慶長の役の二度にわたる朝鮮出兵は終わりを告げた。

この戦いで莫大な戦費と兵力を失った豊臣家の勢いが衰え、かわって、徳川家康の地位が上昇することになった。

◉七章

徳川と豊臣 因縁の激突!

天下分け目の決戦から太平の世へ

関ヶ原の合戦

●1600（慶長5）年

徳川家康vs石田光成
諸大名の命運を賭けた天下の大決戦

●しかけたのは石田三成だった

〝天下分け目の戦い〟として名高い関ヶ原の戦い。堺屋太一の『巨いなる企《くわだ》て』という小説では、敗者・石田三成に光が当てられ、関ヶ原の戦いは石田三成プロデュースのプロジェクトとして描かれている。実際、史上最大の合戦といえる関ヶ原の戦いをしかけたのは、三成だったといえる。

一五九八年（慶長《けいちょう》三）の豊臣秀吉の死は、それまでしばし安定を保っていた国内の勢力バランスを大きく変えた。家康が、秀吉の遺言を無視して日本最大の実力者としてふるまいはじめたが、すぐに天下をとれるような情勢だったわけではない。

家康に対し、もっとも先鋭的な敵となったのが、石田三成である。佐和山《さわやま》二一万石の城主にすぎない三成だが、豊臣家への忠義は篤《あつ》く、豊臣家に敵対的な行動をとる徳川家康を滅ぼす計画を進める。反徳川の大名を集めて、徳川軍との一大決戦を構想したのだ。

三成の計画にまず呼応したのは、会津の上杉景勝《かげかつ》である。一六〇〇年(慶長五)六月、上杉景勝挙兵の報を聞いた徳川家康は、みずから大軍を率いて会津へ向かおうとする。そのすきに三成は、豊臣家にゆかりのある諸大名に打倒徳川の協力を求めた。

七月、大坂城には毛利輝元《てるもと》、宇喜多秀家《うきたひでいえ》、小早川秀秋《ひであき》、長宗我部盛親《ちょうそかべもりちか》らが集まり、毛利輝元が西軍の総大将として大坂城に入って、西軍は美濃に進出、八月一一日には大垣城を落とした。

一方、家康は七月二四日、上野《こうずけ》の小山《おやま》で三成の挙兵を聞いた。じつは、家康は三成に挙兵させるため、わざと上杉征伐に出かけたともいわれるが、それにしても西国の大名のほとんどが三成についたことで、内心穏《おだ》やかでなかったはずだ。家康の配下にも豊臣恩顧の諸将が多く、彼らが西軍につこうものなら、徳川軍の戦力は大きく落ちる。

この危機に石田三成を憎む福島正則《ふくしままさのり》が、家康の味方となることを宣言、流れが変わる。掛川《かけがわ》城主・山内一豊は、東海道の城主たちに家康に居城を差し出すよう唱え、みずからも城を差し出した。配下の諸将は、ほぼ家康に臣従。ここで、家康の東軍は、西軍に対抗できる形になった。

●小早川秀秋の裏切りで、辛勝した東軍

九月一五日、家康率いる東軍七万四〇〇〇と三成指揮する西軍八万四〇〇〇は、関ヶ原で対峙した。三成は早くから、決戦場を関ヶ原と決めていたようだ。事前に防御陣地の工作を施し、持久戦の備えまでしていたというのが、最近の研究結果だ。

いっぽう家康の誤算といえば、子供の秀忠率いる徳川軍の主力三万あまりと合流できなかったことだ。中仙道をいく秀忠軍は、真田昌幸《さなだまさゆき》・幸村《ゆきむら》父子の籠《こ》もる上田城を攻めあぐね、決戦には間に合わなかったのだ。そのため、数の上では、西軍有利であった。家康は小早川秀秋、毛利勢らに裏切りの約束をとりつけていたが、これも実際のところはっきりしたものではなかった。

合戦は、午前八時にはじまる。東軍の井伊直政《いいなおまさ》隊が西軍の宇喜多秀家隊にしかけ、関ヶ原の随所で激しい戦いがおこなわれた。宇喜多隊と福島正則隊の戦いは、一進一退の戦闘となった。黒田長政《くろだながまさ》隊、細川忠興《ただおき》隊、加藤嘉明《よしあきら》隊が、石田三成隊を襲うものの島左近、蒲生《がもう》郷舎といった猛将らに弾き返された。

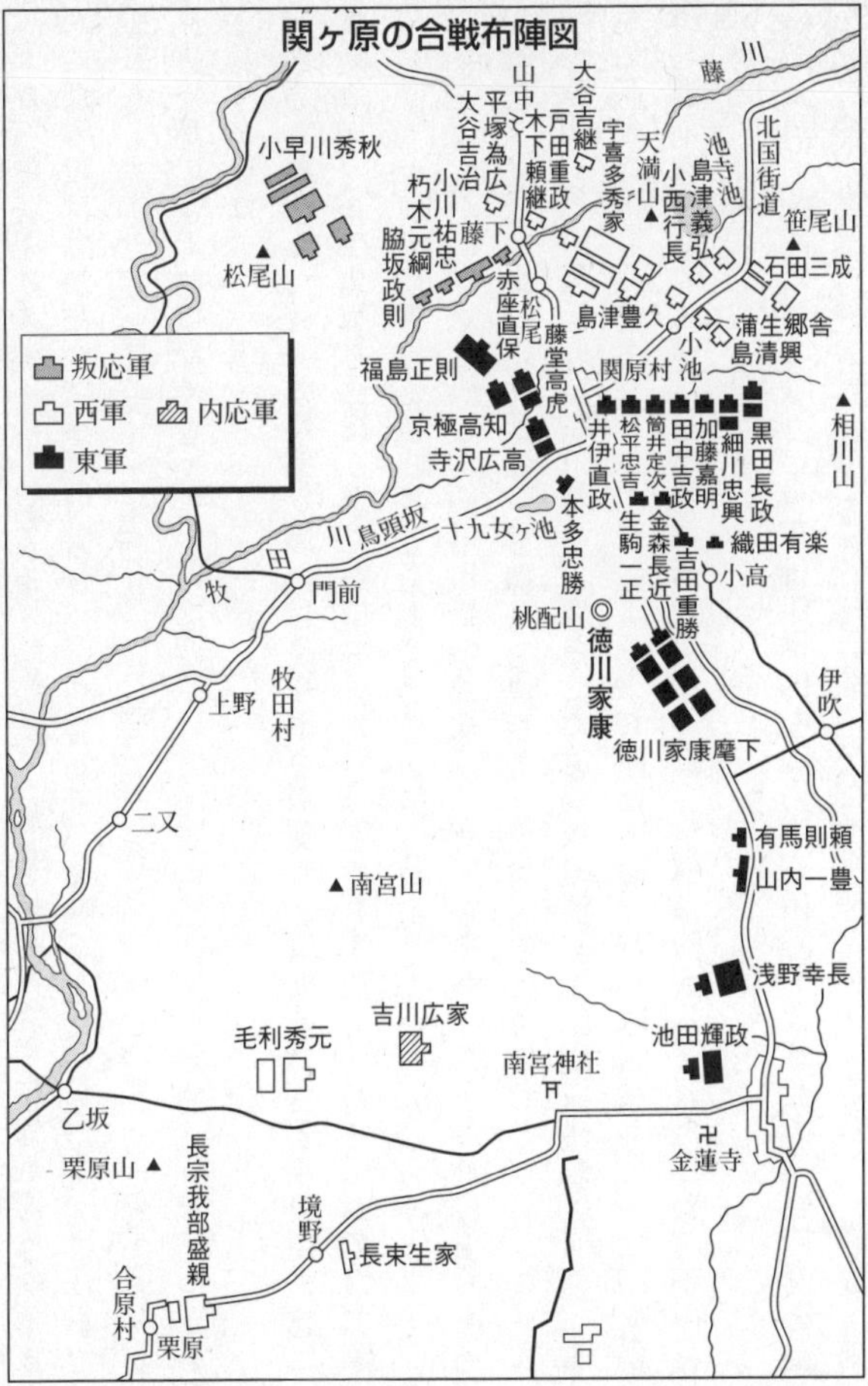

※参考:『大日本戦史』第5巻（三経書院）の「関ヶ原の戦」

正午近くなって、西軍わずかに優位のなか、三成は島津義弘《しまづよしひろ》に参戦をうながすが、島津軍は動かない。小早川秀秋、毛利秀元《ひでもと》にも参戦をうながしたが、これまた動かない。不気味に沈黙する毛利勢に背後を突かれたくないため、長束正家《なつかまさいえ》、安国寺恵瓊《あんこくじえけい》の軍も動けなくなっていた。西軍は、圧勝の機会をつかめそうで、つかめきれずにいた。

一方の家康も、焦っていた。戦場はややおされ気味。裏切るはずの小早川秀秋は動かない。小早川秀秋らは、どちらについたほうが有利か決めかねていたのだ。家康は焦ったときの癖である指をかむしぐさをしきりに見せたという。

やがて、家康は意を決し、小早川軍の陣地に一斉射撃をさせた。これにすくみあがった一九歳の小早川秀秋は、裏切りを決意し、大谷吉継《おおたによしつぐ》隊を襲った。

小早川秀秋の裏切りは、形勢を一変させた。脇坂安治《わきざかやすはる》、赤座直保らも裏切り、西軍は各地で突きくずされた。これにより大谷隊は壊滅、福島隊と戦っていた宇喜多隊も側面を突かれ、戦線を維持できなくなった。宇喜多隊がくずれたため、小西行長隊もくずれてしまう。

残るは石田隊だけとなり、東軍は圧倒的な戦力で石田隊を攻撃した。石田隊の島左近、蒲生郷舎らは討ち死。とりわけ島左近の活躍ぶりはすさまじく、隆慶一郎

『影武者徳川家康』などに描かれたように、後世に畏敬《いけい》の念をもって語りつがれるものだった。敗走した三成は、伊吹山中に逃げ込み、再起を図ろうとする。

残る西軍は、島津隊だけとなった。島津隊は中央突破をはかり、多大な損害を出しながら伊勢街道を大坂に向かった。こうして、戦いは午後三時には終わった。

石田三成は、伊吹山に身を隠しているところを捕らえられ、小西行長、安国寺恵瓊らとともに京都六条河原で処刑された。

石田三成の家康打倒計画は土壇場で崩壊し、徳川家康は天下人となった。石田三成のプロジェクトをこわした張本人・小早川秀秋は、この二年後、二一歳で死去。その晩年は、精神に異常をきたしていたと伝えられる。

大坂冬の陣

徳川家康vs豊臣秀頼

家康の歴史に汚名を残した戦い

●1614(慶長19)年

●家康がしかけた方広寺の陰謀

徳川家康は山岡荘八《やまおかそうはち》の同名のベストセラーにより、〝経営者の鑑《かがみ》〟とされる一方、昔から「狸爺」という、ありがたくない悪名を頂戴してきた。徳川家康が悪役扱いされるのは、豊臣氏を滅ぼした大坂の陣の影響が大きい。

関ヶ原の合戦に勝ち、江戸に幕府を開いた徳川家康にとっても、大坂城に残る豊臣家は不安の種であった。秀吉の子・秀頼《ひでより》はまだ若いとはいえ、豊臣家に忠誠心を抱く大名たちが、秀頼をかついで徳川に敵対することは考えられる。秀頼が関白になれば、家康の征夷大将軍と互角となり、その権威にしたがう大名もあらわれる。家康は、自分の生きているうちに、豊臣家を滅ぼすか、無力化したかった。

一方、豊臣家とすれば、徳川家康は秀吉の遺言にそむき、政権を奪い取った相手である。徳川家憎しで固まっている。

七〇歳をこえ、自分の寿命に不安を覚えた家康は、対豊臣家の戦いをしかけるため、陰謀をめぐらす。豊臣家が再建を進めていた方広寺《ほうこうじ》の梵鐘《ぼんしょう》に、家康を呪《のろ》う文字が書かれていると難癖《なんくせ》をつけたのだ。梵鐘には「国家安康」「君臣豊楽」という言葉を含む銘文が刻まれていた。それを「家康」を真っ二つにし、豊臣が栄えることを願うものだといちゃもんをつけたのである。

豊臣方は釈明のため、家老の片桐且元《かたぎりかつもと》を派遣したが、家康は淀殿の人質か、秀頼の参勤交代か、大坂城からの退去かのいずれかを要求する。豊臣家にすれば、どれ一つ呑めるものではない。

怒った大坂方は、片桐且元が徳川と内通していると疑い、蟄居《ちっきょ》を命じる。これに対し、徳川方は、江戸幕府公認の家老・片桐且元の追放は許せぬと、さらに言いがかりをつけた。豊臣・徳川の戦いは、避けられないものとなった。大坂冬の陣の勃発である。

●大坂城を攻めきれなかった家康は、いったんは講和へ

一六一四年（慶長一九）、家康は全国の大名に号令し、二〇万の大軍で大坂城へと向かった。一方、豊臣方に加わる大名はいなかったものの、全国から徳川の世に不満をもつ浪人が集まり、その数は一〇万におよんだ。当時の京都の人口が約八万人だったから、驚くべき数字である。

とくに、豊臣方の頼みとなったのは、真田幸村である。かつて、幸村の父・昌幸は、徳川の大軍を破ったことがあった。そのうえ、関ヶ原の戦いでは、真田昌幸・幸村父子の守る上田城を家康の子・秀忠が攻略できなかったばかりに、家康は苦戦を強いられた。真田幸村の存在は、家康の不安要因にもなった。

徳川家康率いる軍勢は、一一月中旬には大坂城を包囲し、攻略にとりかかった。守る豊臣方は、単に籠城するのでなく、ときには軍勢が外に討って出る戦いを選んだ。一一月一九日から両軍は激突をはじめ、一一月二六日には今福・鴫野《しぎの》で、大坂方の後藤基次《ごとうもとつぐ》隊、木村重成隊が、徳川方の佐竹義宣《さたけよしのぶ》隊、上杉景勝隊と戦っている。この今福・鴫野での戦いは、大坂冬の陣最大の激戦となったが、決着はつかないまま終わる。

大坂城のもっとも弱い部分は、南側であるといわれていた。南側は丘陵地となっていて、攻める側は大軍を動かしやすい。当然、家康も南側からの突破を考えていた。この大坂城の南を守ったのが、真田幸村である。幸村は南側の弱さに気づいて

大坂冬の陣布陣図

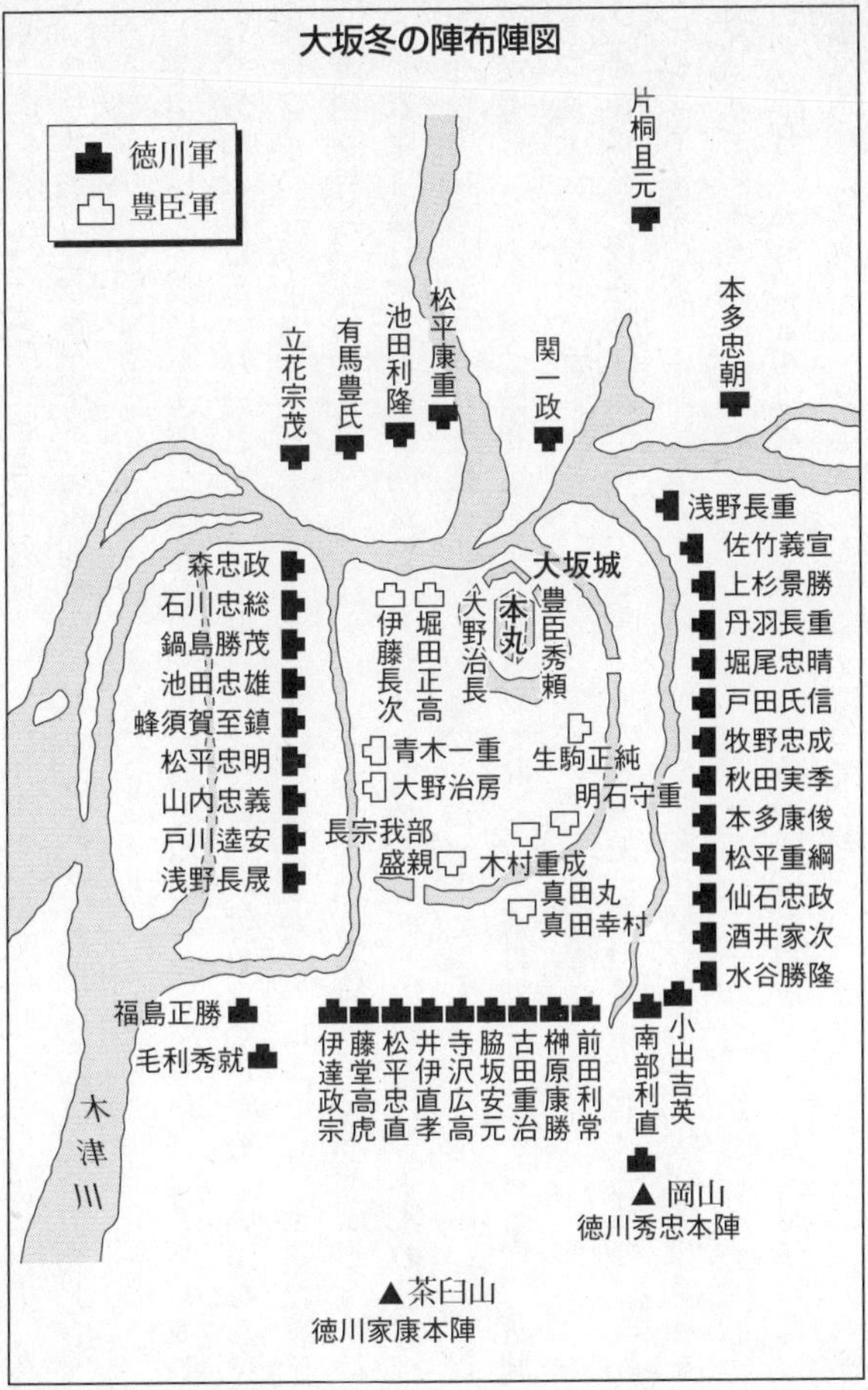
徳川軍
豊臣軍
片桐且元
本多忠朝
松平康重
池田利隆
有馬豊氏
立花宗茂
関一政
浅野長重
佐竹義宣
上杉景勝
丹羽長重
堀尾忠晴
戸田氏信
牧野忠成
秋田実季
本多康俊
松平重綱
仙石忠政
酒井家次
水谷勝隆
大坂城
本丸
豊臣秀頼
大野治長
堀田正高
伊藤長次
青木一重
大野治房
生駒正純
明石守重
長宗我部盛親
木村重成
真田丸
真田幸村
森忠政
石川忠総
鍋島勝茂
池田忠雄
蜂須賀至鎮
松平忠明
山内忠義
戸川逵安
浅野長晟
福島正勝
毛利秀就
伊達政宗
藤堂高虎
松平忠直
井伊直孝
寺沢広高
脇坂安元
古田重治
榊原康勝
前田利常
南部利直
小出吉英
岡山
徳川秀忠本陣
茶臼山
徳川家康本陣
木津川

いて、「真田丸」という出丸を設け、ここに鉄砲を多数配備した。

一二月三日夜、徳川方の前田利常隊、松平忠直《まつだいらただなお》隊、井伊直孝《なおたか》隊が攻めかけたが、幸村は前田隊らに鉄砲を浴びせかけ、多くの損害を与えている。

徳川軍は、大坂城を包囲したものの、攻めあぐねることになった。大軍をもってしても簡単には落ちないと悟った家康は、一つのしかけをはかるため、いったん休戦にもちこもうと考えた。

真田幸村ら抗戦派も多いことを知っている家康は、豊臣家に心理的圧迫をかけた。家康は連日、大坂城に向かって大砲を打ち込んだ。その轟音に豊臣家の者は神経をすり減らし、やがて淀殿《よどどの》の近くに大砲の弾が落ちてきた。

淀殿は、この一撃で講和を決意したといわれる。淀殿は幼いころから二度、落城を体験している。

最初は父・浅井長政の小谷城、つぎに母の再婚先・柴田勝家の北ノ庄城で、これらにより落城の怖さが身に染みている。淀君が講和に傾いたため、大坂方は講和を選択せざるをえなくなった。

一二月一九日に講和は成立し、これで大坂冬の陣は終わる。ただし、そこには、堀の埋め立てという家康の次なる謀略が待っていた。

大坂夏の陣

●1615（慶長20）年

徳川家康VS豊臣秀頼
堀を埋められた時に決まった豊臣家の最期

●総堀埋めは家康の謀略

真田氏といえば、信州の小さな大名にすぎない。だが、後世から見た存在感は、並の大名では及びもつかない。大坂夏の陣は、真田幸村が死と引きかえに、武名を後世に轟《とどろ》かせるための戦いだった。

徳川家康が豊臣家滅亡を企《たくら》んだ大坂冬の陣では、徳川軍は大坂城を包囲するものの、攻略はできなかった。難攻不落《なんこうふらく》の大坂城を前に、家康は豊臣方と講和する。講和の条件の一つは、大坂城の本丸以外の堀を埋めるというもの。

大坂城の外郭である総堀《そうぼり》を埋めるのは徳川方の仕事、二の丸、三の丸の堀を埋めるのは豊臣方の仕事という約束だ。豊臣方は、家康の寿命を見ながら、ゆっくり埋めればいいと踏んでいた。

ところが、総堀埋め立てを終えた徳川方は、二の丸、三の丸の堀まで埋めはじめる。大坂方は抗議するが、抗議の最中にも堀は埋めつづけられ、本丸の堀を残してすべての堀が埋められてしまった。わずか一か月間の出来事である。

これこそ、講和にあたった家康の謀略だった。二の丸、三の丸の堀まで埋め尽くすことで大坂城を裸城とし、籠城策をとれなくしたのだ。

家康は、ふたたび大坂城を攻めるため一六一五年（慶長20）三月、豊臣方に難題を突きつける。秀頼が大和か伊勢に移るか、城内にいる浪人勢を放逐《ほうちく》するかである。いずれも呑めるものではなく、大坂方は拒絶。その拒絶が開戦の理由となり、家康はふたたび大軍を率いて大坂へ向かった。

●真田隊の奮闘で家康は危機に陥るものの、ついに大坂落城

五月五日、徳川家康率いる軍が大坂に着陣した。外堀を埋められた大坂方は籠城するわけにいかず、今度は討って出るしかない。大坂冬の陣は攻城戦であったが、夏の陣は野戦の様相を呈してきた。

まず、大坂方は道明寺《どうみょう》付近に兵を送り、徳川方への攻撃を企んだ。道明寺付近は道が狭く、大軍は動きがとりにくい。奇襲をかければ、大軍は混乱するだろうとい

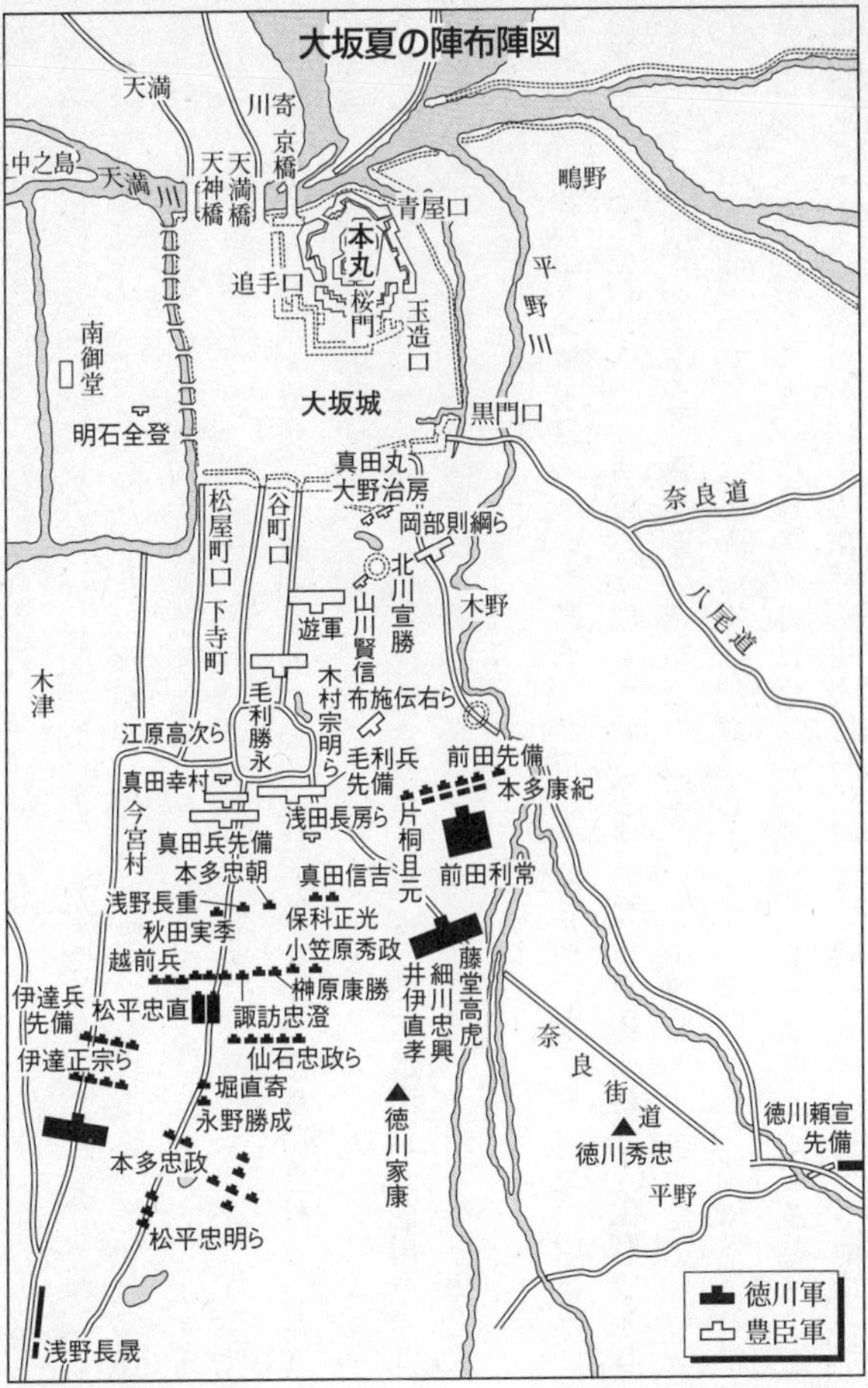
天満
川寄
京橋
中之島
天満川
天神橋
天満橋
青屋口
鴫野
本丸
追手口
桜門
玉造口
平野川
南御堂
明石全登
大坂城
黒門口
真田丸
大野治房
岡部則綱ら
奈良道
松屋町口
谷町口
北川宣勝
山川賢信
木野
遊軍
八尾道
下寺町
木村宗明ら
布施伝右ら
木津
毛利勝永
江原高次ら
毛利兵先備
前田先備
真田幸村
本多康紀
今宮村
浅田長房ら
片桐且元
真田兵先備
本多忠朝
真田信吉
前田利常
浅野長重
保科正光
秋田実季
小笠原秀政
越前兵
藤堂高虎
細川忠興
井伊直孝
榊原康勝
伊達兵先備
松平忠直
諏訪忠澄
伊達正宗ら
仙石忠政ら
奈良街道
堀直寄
徳川家康
永野勝成
徳川秀忠
徳川頼宣先備
本多忠政
平野
松平忠明ら
徳川軍
豊臣軍
浅野長晟
大坂夏の陣布陣図

うねらいがあった。

五月六日朝、後藤基次隊二八〇〇は道明寺の西、藤井寺まで進み、真田幸村隊、毛利勝永隊と合流しようとした。ところが、いつまで待っても真田隊、毛利隊は到着しない。濃霧のため、大坂方は連携がとれなかったのである。

しかたなく後藤隊だけで奇襲をかけるが、兵力があまりに少なすぎた。この道明寺の合戦で、後藤基次は戦死。道明寺の戦いに間に合わなかった真田幸村隊と毛利勝永隊は、誉田で徳川方と戦っている。

同じ五月六日、木村重成隊、長宗我部盛親隊は八尾《やお》・若江に進出し、徳川方の井伊隊、藤堂《とうどう》隊と合戦。藤堂隊には、翌日の先鋒を辞退させるほどの損害を与えたものの、木村重成は討ち死にした。

翌五月七日、家康は前日の戦いを踏まえた軍議を開き、総攻撃を決定。家康率いる軍は、天王寺口からしかけることになったが、そこには真田幸村隊、毛利勝永隊が待ち構えていた。また、秀忠率いる軍は、岡山口からの攻撃と決まった。

五月七日正午ごろから、天王寺口で決戦がはじまった。このとき、真田幸村のねらいは、ただ一つだった。家康の本陣に突入し、家康の首をとることである。

三〇〇〇の真田隊と茶臼山《ちゃうすやま》で激突したのは、松平忠直隊一万三〇〇〇。忠直は、六日の戦いで家康から叱責を受けたため、必死に戦ったが、真田隊は松平忠直隊を粉砕。見えるは徳川家康の本陣、一万五〇〇〇の旗本隊である。

真田隊は、家康の旗本隊を二度にわたって攻撃、家康本陣はくずれ、一部の旗本たちは逃亡した。一時的に、家康を守る手勢はわずかとなり、家康自身、死を覚悟したほどだったという。

だが、真田隊も多くの兵を失っていた。三度目の本陣突入のとき、真田隊は家康の首を取れないまま全滅し、幸村も討ち死にした。

このとき、真田軍が家康に肉薄した武勇と、徳川軍のくずれようは、徳川方として参戦した島津家や細川家の文書にも残されている。真田幸村はこの戦いによって、後世に武名を残したのである。

秀忠の軍が攻めた岡山口でも、天王寺口と同じ

ような激戦となっていた。ここでは大野治房《はるふさ》隊が立ちはだかり、秀忠の本陣が脅《おびや》かされた。大坂方の兵はすでに死を覚悟しているのに対し、徳川方はしかたなく参戦した大名、武将が多かった。その戦意の差が、圧倒的に数に勝《まさ》る徳川方の苦戦の原因だった。

こうして、大坂方は各地で善戦したものの、ほとんどの有力武将はこの五月七日の戦いで討ち死した。大坂城からは火の手が上がり、寝返りも起きていた。

五月八日、秀頼は、山里曲輪《くるわ》の糒《ほしい》櫓《やぐら》に逃げ込んだ。これを察知したのは、徳川方についた片桐且元といわれる。ここに徳川方の井伊直孝隊が鉄砲を撃ち込んだため、秀頼もついにあきらめ、その母・淀殿と自刃して果てた。

淀殿は三度の落城を経験し、この三度目が彼女の人生の終わりでもあった。

◉八章

旧幕府軍最期の徹底抗戦！

武家政権の終わりと近代日本の歩みへ

鳥羽・伏見の戦い

薩長連合VS旧幕府軍

新政権を樹立した薩長と旧幕府軍の戦い

●1868(慶応4)年1月

●薩長打倒に出た慶喜

幕末、禁門《きんもん》の変で、幕府側についた薩摩《さつま》藩は、倒幕派の長州《ちょうしゅう》藩と戦った。しかし、その翌一八六六年(慶応《けいおう》二)には、薩英戦争で外国軍の強さを実感したことや、坂本龍馬《さかもとりょうま》の斡旋《あっせん》で長州藩と手を結んだことがあって、倒幕開国派へと転向していた。そして、現実に幕府を倒すため、兵をあげる機会をうかがっていた。

これに危機感を抱いた一五代将軍慶喜《よしのぶ》は、一八六七年(慶応三)一〇月一五日、先手を打って、朝廷に大政を奉還する。

慶喜のねらいは、いち早く政権を投げ出すことで、薩長に開戦の口実を与えないことだった。さらに、幕府派の福井藩前藩主・松平春嶽《しゅんがく》、土佐藩前藩主・山内容堂《やまのうちようどう》の協力を得て、新たに成立する京都政権の首相格として任命してもらえるように工作していた。

しかし、その水面下での動きは、薩長の反発をつのらせただけだった。薩長は、幕府を完膚《かんぷ》なきまでに叩きのめすことを決意する。大久保利通《おおくぼとしみち》を中心に討幕派の公《く》卿《ぎょう》岩倉具視《ともみ》らと謀議《ぼうぎ》を重ね、一二月九日、王政復古の大号令を発する。さらに、その夜の初閣議で、慶喜の内大臣辞任と領地返納を決定する。

これに激怒したのが、佐幕《さばく》派の会津《あいづ》、桑名《くわな》、彦根《ひこね》、大垣《おおがき》、津《つ》などの諸藩である。慶喜のいる二条城に終結して、挙兵を迫る。慶喜は必死になだめたが、おさえきれず、会津藩主の松平容保《かたもり》、桑名藩主の松平定敬《さだあき》兄弟をともなって、いったん大坂城へと退いた。会津などの旧幕兵は、その後を追って大坂城へかけつけ、なおも薩長打倒を叫びつづけた。

このとき、江戸から、ある知らせが届く。薩摩藩の西郷隆盛《さいごうたかもり》は、かねてから幕府を挑発するため、腹心の者を江戸に送り、商家に押し入らせるなどの乱暴を働かせていた。これが発覚し、幕府が江戸の薩摩藩邸を焼き払ったというものだった。この知らせを聞くと、旧幕兵の怒りは頂点に達し、慶喜もおさえきれなくなった。ついに、翌一八六八年（慶応四）正月二日、慶喜は、大目付滝川具挙《ともたか》に対して薩摩軍討伐の挙兵を命じた。

●錦の御旗を授かった薩長軍の圧勝

大坂城にいた旧幕軍は、鳥羽《とば》（京都南区）、伏見《ふしみ》の二街道を北上する。これに対して、薩長も出撃する。

京都をめざす旧幕軍に対して、新政府軍は、薩摩藩が鳥羽街道をかため、長州藩が伏見街道を受けもった。土佐、広島の両藩も、朝廷の命によって伏見に出兵した。

正月三日の午後三時ごろ、桑名藩兵が小枝橋で薩摩藩と対峙する。通せ、通さぬと押し問答をつづけるうち、突如、薩摩藩が砲撃《ほうげき》を開始した。その第一弾が、幕府の砲に命中し、爆発したことをきっかけに、鳥羽・伏見の戦いがはじまった。

ただ、旧幕軍の指揮官たちは、本当に戦うことになるとは想定していなかった。京都に向けて行軍するだけで、薩長連合軍が退却すると考えており、いざ砲撃を受けると大混乱におちいった。しかも、薩摩藩は、最新式で速射式のスナイドル銃を装備し、次々と銃弾を撃ち込んでくる。旧式の銃しかもたない桑名藩は、退却せざるを得なかった。夜になって、旧幕軍は何度も反撃したが、そのたびに押し戻された。

一方の伏見街道でも、鳥羽方面からの砲声をきっかけに、戦闘が開始された。ここでも、戦国時代さながらの密集戦法をとる旧幕軍に対して、長州軍は、火力制圧

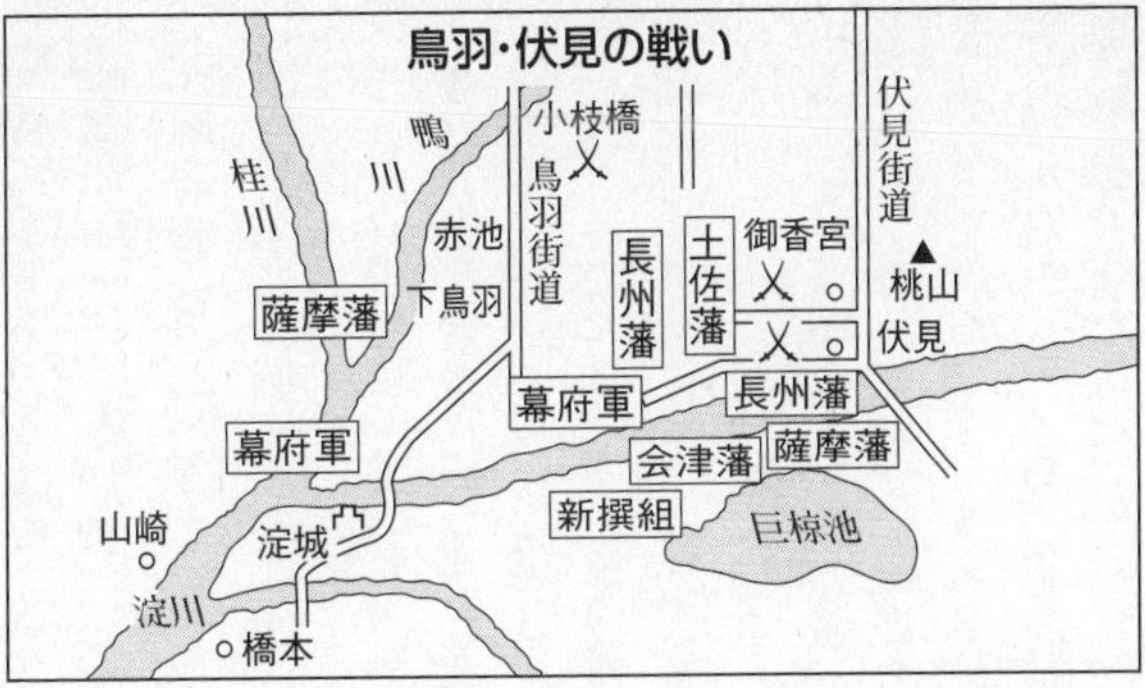

と機動攻撃で翻弄《ほんろう》する。明け方、薩長軍の優勢を知った朝廷は、薩長軍に、天皇の軍隊であることを示す「錦《にしき》の御旗《みはた》」を授ける。この瞬間、薩長軍は官軍《かんぐん》に、旧幕軍は賊軍《ぞくぐん》になった。

それでも、旧幕軍は、味方であるはずの淀城にこもって抵抗しようとしたが、淀城藩主稲葉正邦《いなばまさくに》は、錦の御旗に意気消沈し、城門をかたく閉ざして旧幕軍を入れない。さらに、正月六日には、旧幕軍の一翼をになっていた津藩の藤堂氏が寝返り、旧幕軍に砲弾を撃ち込んできた。ついに旧幕軍はバラバラとなり、敗走するしかなかった。

さらに、敗戦を覚悟した徳川慶喜は、六日夜半、ひそかに大坂城を脱出。幕艦開陽丸《かいようまる》に乗り込んで、江戸へと逃れた。主将が味方を見捨て敵前逃亡するという前代未聞の珍事によって、鳥羽伏見の戦いは幕を下ろした。

上野戦争

新政府軍vs彰義隊

江戸城無血開城に不満を抱く旧幕府軍の抵抗

●1868(慶応4)年5月

●江戸城無血開城に怒った彰義隊

徳川慶喜は、大坂から海路江戸へ逃げ帰ると、上野《うえの》の山(現在の上野公園)にこもった。ここには、徳川家の菩提寺《ぼだいじ》である寛永寺《かんえいじ》があり、この寺で謹慎《きんしん》することで、朝廷に対する恭順《きようじゆん》の姿勢をアピールしたのである。

しかし、慶喜の態度に飽《あ》き足りない旧幕臣の兵士たちは、一八六八年(慶応四)二月下旬、一橋家《ひとつばしけ》家臣の渋沢成一郎や天野八郎らが中心となって「彰義隊《しようぎたい》」を結成。とりあえずは、寛永寺の慶喜を守護するという名目で、本拠を上野の山に置いた。

一方、新政府軍も、慶喜を追って兵を進め、江戸へ入ると、三月一五日を江戸城総攻撃の日と決定する。彼らは、江戸城を占領することで、幕府の息の根を完全に止めるつもりだった。

将軍不在の江戸城では、主戦派の小栗忠順《おぐりただまさ》、榎本武揚《えのもとたけあき》と恭順派が対立していた。しかし、情勢の報告を受けていた慶喜は、新政府軍には勝てないと判断。恭順派の勝海舟を起用して、新政府軍との折衝《せっしょう》に当たらせた。勝は、総攻撃直前の一三日、新政府軍参謀の西郷隆盛と会談し、新政府軍による攻撃を回避するとともに、戦わずして江戸城を明け渡すことに同意した。これによって、江戸城の無血開城が決定、慶喜は江戸を離れ、水戸へ隠退した。

この決定に激昂したのが、彰義隊である。天野八郎を中心とした抗戦派は、新政府軍に徹底抗戦することを決意、約三〇〇〇の隊士が、輪王寺宮《りんのうじみや》（有栖川宮《ありすがわのみや》の弟）を擁《よう》して寛永寺に結集した。

それまで新政府軍は、彰義隊を黙認し、江戸市内の警備を命じるなど懐柔策《かいじゅうさく》をとってきた。さっそく解散を命じたが、彰義隊は聞き入れない。そればかりか、一部の隊士が、新政府軍の兵士を斬殺《ざんさつ》する事件を起こした。ここに至って、新政府軍は、五月一五日に、上野に総攻撃をかける意志をかためた。

●佐賀藩のアームストロング砲に彰義隊は意気消沈

のちに、維新政府で兵部大輔《ひょうぶのたいふ》に就任する大村益次郎《おおむらますじろう》は、このとき、新政府軍の総指揮をとっていた。大村は、まず上野を封鎖するため、各所に兵を配置して、神田川や隅田川、さらに中山道や日光街道などの交通を分断した。さらに、上野山の周囲に兵を配備、根岸《ねぎし》方面だけを空白地帯とした。根岸方面を敵の逃走予定路としたのである。午前七時頃、新政府軍から宣戦が布告される。雨中の戦いとなったが、正面の黒門口《くろもんぐち》（現在の広小路周辺）からは、薩摩藩が突撃することになった。

この黒門口は、彰義隊による防備がもっとも厳しく、この方面を割り当てられた薩摩藩の西郷隆盛は、思わず「わが藩兵を皆殺しにするつもりか」と聞く。すると、長州出身の大村は、平然と「その通り」と答えたというエピソードも残っている。じっさい、この黒門口をめぐる攻防が、最大の激戦となった。

側面攻撃担当の長州藩は、根津から団子坂《だんござか》へ進撃した。だが、ここでも彰義隊の激しい抵抗を受け、薩摩藩同様、苦戦することになった。

しかし、形勢を一発で逆転させたのが、佐賀《さが》藩の最新兵器、英国製のアームストロング砲だった。午後一時頃、その砲弾は、加賀《かが》藩上屋敷（現在の東京大学構内）から発射され、不忍池《しのばずのいけ》を越えて、上野山に届きはじめた。

アームストロング砲は、一〇年前のクリミア戦争で大いに威力を発揮した大砲だった。砲身の内側に鋼線を巻いて威力を高め、命中度も従来の大砲より格段にアップしていた。この大砲を撃ち込むと、彰義隊の抵抗はたちまちにして弱まった。

やがて、薩摩藩が黒門口を、長州藩が天王寺口《てんのうじぐち》を突破して、上野山に突撃すると、彰義隊は総くずれとなった。彰義隊の兵士たちは、大村の想定通りに、根岸から三河島《みかわしま》方面へ逃げ、午後五時には、新政府軍が全山を占拠した。

彰義隊の残党は、幕府派の諸藩を頼って東北地方へ逃げたが、天野八郎をはじめ江戸市中にひそんだ者は、新政府軍によって捕らえられた。上野山からの逃亡経路が、大村の想定通りで、身を隠す範囲が限られたためだった。新政府軍は、この勝利によって関東地方以西を掌握《しょうあく》。戊辰《ぼしん》戦争の舞台は、宇都宮や北陸、東北へと移っていく。

ちなみに、大殊勲《しゅくん》の佐賀藩は、以前から、外国通の一〇代藩主鍋島直正《なおまさ》が長崎防備を名目に最新兵器を導入し、軍事改革を実施ずみだった。ところが、国内政治に関心の薄かった直正は、佐賀藩士が他藩の士と交流することを禁止して、幕末の動向にも知らんぷりを決め込んでいた。

ようやく、この上野戦争から参戦し、彰義隊を黙らせる軍備力を披露したことで、肥前佐賀藩は、「薩長土肥」の四番目として新政府に名を連ねることになったのである。

北越戦争

新政府軍VS奥羽越列藩同盟
長岡藩家老・河井継之助の必死の抵抗

●1868（慶応4）年4〜8月

●武装中立を主張した継之助

司馬遼太郎の名作『峠』の主人公は、北国の小藩の家老である。名前は河井継之助《かわいつぎのすけ》。この小説が世に出るまで、歴史好きでなければ名前も知らない人物だった。

その半ば忘れられていた人物を、司馬があえて主人公に選んだのは、幕末史において継之助がきわめて特異な位置を占めることにある。戊辰《ぼしん》戦争は、官軍と佐幕派《さばくは》（官軍から見れば賊軍）に分かれて戦われたが、継之助はその渦中にあって、スイスのように中立を守ろうと試みたのだ。

まず、北越の長岡《ながおか》藩の家老だった継之助は、京都で鳥羽・伏見の戦いがはじまると、新政府に対して内戦は避けるべきだという建白《けんぱく》書を提出するが、黙殺されてしまう。

その頃、長岡藩内の議論は、新政府軍に対する抗戦派と恭順《きょうじゅん》派に二分されていた。しかし、継之助はそのどちらにも加担しない「武装中立」を主張する。当時の国際情勢にも通じていた彼は、長岡藩を〝北越のスイス〟として、中立の立場に置こうと考えたのだ。

一方、新政府軍は、鳥羽伏見の戦いに勝利した後、三派に分かれて江戸をめざしていた。そのうち、北陸道を進んだ部隊は、北陸最大の加賀藩を降伏させ、一八六八年（慶応四）三月、越後に侵入。そして、越後で東山道を進軍してきた部隊と合流した。つぎに向かうは、継之助の率いる長岡藩である。

長岡藩は、北越の小藩（七万四〇〇〇石）にすぎなかったが、継之助が藩政改革を成功させ、兵制改革も実施、近代的な軍隊編成を整え、血のにじむような猛訓練も終えていた。また、内戦を避けるべきという新政府への建白書が黙殺されたことで、小藩が生き延びるには、さらに軍事力を強化するしかないと考え、藩主牧野家の家宝などを売却して、ガトリング砲（機関銃の原型）などの新兵器を購入していた。

新政府軍は、まず長岡藩の出方を見るため、軍資金の献上を命令する。ところが、武装中立をめざす長岡藩は、これを黙殺。すると、新政府軍は、四月末に小千谷《おぢや》に進出、慈眼寺《じがんじ》に本営を置いた。

五月二日、継之助は、従者二人をともなって、慈眼寺に新政府軍の軍監岩村精一郎《いわむらせいいちろう》を訪ねた。四二歳の長岡藩家老が、わずか二三歳の青年の前で膝を折り、「弊藩《へいはん》は自主中立の態度を堅持し、藩の力に応じて朝廷にご奉公申し上げたい」という主旨の嘆願書を提出した。

しかし、岩村はこれを一蹴《いっしゅう》する。長岡藩が軍備を整えるまでの時間稼ぎをしていると考えたのである。それでも、継之助は嘆願したが、岩村はすがる継之助を振り払って席を立ったと伝えられる。

ここに至って、継之助は新政府軍との一戦を決意する。五月四日、それまで加盟を断りつづけていた奥羽越列藩同盟に参加して、会津、桑名両藩と作戦を協議。同盟軍は、五月一〇日の夜、長岡と小千谷の間の榎峠《えのき》を占拠して、戦いの火ぶたが切られた。榎峠を越えれば、あとは長岡まで平野がつづき、榎峠の攻防が勝負の分かれ目だった。

●善戦したものの、援軍を送った新政府軍が勝利

継之助は、榎峠に集めた軍を三隊に分け、峠の正面と側面、そして背後の三方向

より砲撃を命じる。守る新政府軍は尾張藩と上田藩だけで、側面や背後から攻められると、一気に浮き足立ち、緒戦では同盟軍が優勢に立った。

しかも、小千谷の司令部にいた軍監の岩村は、銃撃の音を聞いても、ことの重大さを理解せず、朝から酒を飲んでいた。あわてて司令部に駆けつけた参謀山県《やまがた》有朋《ありとも》は、酔っ払っている岩村を足蹴《あしげ》にし、自ら指揮を取る。そして、薩摩や長州藩などの援軍を送るが、榎峠と背後の朝日山を占拠している同盟軍の守りは堅く、山県はいったん兵を退くしかなかった。

情勢を再分析した新政府軍は、朝日山の奪回を最優先に反撃を開始。しかし、ここでも同盟軍の抵抗にあって苦戦し、山県と奇兵隊からの同志である時山直八が戦死。しかも、遺体を収容する余裕もなく、やむなく首を斬り落として退却すると

いう混乱ぶりだった。北越での苦戦を見て、新政府はさらに大軍を送りこむ。大軍は日本海から長岡の西方面に上陸、丘陵地帯に到達し、長岡平野を西側から見下ろした。これに対して、同盟軍の主力部隊が陣取るのは、長岡の南側だった。

丘陵地帯の新政府軍は、そのまま信濃川を渡り、長岡城を奪取する作戦をとる。それを知った継之助は、急ぎ長岡城に戻り、藩主親子を会津に脱出させてから、自らガトリング砲を操って応戦した。

しかし、不意をつかれることになった長岡城は、新政府軍の猛攻撃に耐えられない。それでも、継之助は、部下を栃尾《とちお》方面に撤退させ、損害を最小限に食い止めることに成功した。

その後、東北の雄藩である米沢《よねざわ》藩が加わったことで、同盟軍は元気を取り戻し、七月二四日、いったんは長岡城を奪い返す。しかし、そのさい、継之助は左足に銃弾を受け、歩けなくなる。

その五日後、新政府軍が長岡城を再奪取するため総攻撃を開始し、同盟軍は敗走。長岡藩は善戦むなしく敗れ去ることになった。

継之助は、再起を期し、いったん会津へ逃れようとするが、その途上で傷が悪化、八月一六日、ついに帰らぬ人となった。

会津戦争

●1868（慶応4）年4〜9月

新政府軍VS奥羽越列藩同盟
戊辰戦争のなかで最大の悲劇となった徹底抗戦

●朝敵となった会津藩

北越戦争に勝利した新政府軍の次の標的は、京都守護職として倒幕軍と対立し、新政府になってからも抵抗をつづける会津藩だった。

会津藩でも、鳥羽・伏見の戦いがはじまった頃には、抗戦派と恭順派の二派に分かれていた。しかし、会津藩祖《はんそ》の保科正之《ほしなまさゆき》は、二代秀忠《ひでただ》の子、三代家光《いえみつ》の異母弟である。彼の定めた会津家訓の第一条には、「会津藩たるは将軍家を守護すべき存在であり、藩主が裏切るようなことがあれば、家臣は従ってはならない」とあった。藩主の松平容保《かたもり》は、恭順派の中心だった神保修理を切腹させ、徹底抗戦を決意する。

わずか四年前の禁門の変では、会津藩は長州藩から天皇を守る立場だった。それが、いまや朝敵である。新政府軍は、仙台藩、南部藩などの東北諸藩に会津討伐を命じたが、これに反発した諸藩は、越後の諸藩と奥羽越列藩同盟《おううえつれつぱん》を結成する。そして、会津藩赦免《しやめん》の嘆願を出す一方で、新政府軍に対して抵抗のかまえを見せた。

北越戦争が始まる直前の一八六八年（慶応四）四月、新政府軍の奥羽鎮撫総督府《ちんぶそうとくふ》は、東北の玄関口である白河へと兵を進めた。その後、約一〇〇日にわたって、列藩同盟軍と戦闘を繰り返したが、いずれも撤退させている。その直後には、北越戦争で勝利した新政府軍が、会津方面へと逃れた同盟軍を追って、越後から会津に至る三国峠へと兵を進めてきた。ここで、奥羽鎮撫総督府と合体して二本松城を占領、会津の国境へと迫った。

会津藩主の松平容保のそばには、新撰組《しんせんぐみ》の土方歳三《ひじかたとしぞう》がいた。「かならず敵を蹴散らしてご覧にいれます」と不敵に笑ったが、情勢は厳しかった。かつては会津藩の味方だった尾張名古屋、紀州和歌山藩、越前福井藩をはじめ、全国の諸藩が新政府軍になびき、会津討伐のための軍隊を派遣していた。

●白虎隊や婦女子がつぎつぎと自ら命を絶った

最初の激戦地となったのは、東部藩境の保成《ぼなり》峠。二本松城を占領した約三〇〇〇の新政府軍は、八月二〇日、会津をめざして保成峠へと進む。応戦したのは、土方歳三の新撰組と会津兵など、たった六〇〇の軍勢である。さらに、会津側は使用する武器でも劣り、一発撃つ間に、新政府軍から七発の銃弾を撃ち込まれる始末だった。新政府軍は、アメリカの南北戦争でもつかわれたスペンサー銃を手に入れていたのである。結局、土方らは退却せざるをえなかった。

同盟軍は、新政府軍の進軍をはばむため、日橋川《にっぱしがわ》にかかる一六橋を破壊しようとする。ところが、この石橋が頑丈でなかなかこわれず、間に合わなかった。そこで、兵を退き、戸ノ口原で決戦すべく、鶴ケ城《つるがじょう》に援軍を頼んだ。駆けつけたのが、一六～一七歳の少年たちで組織された白虎隊《びゃっこたい》だった。

会津藩では、鳥羽伏見の戦いの反省から、軍制改革をおこなっていた。その中、年齢別の組織をつくり、主力隊として前線へ出るのは、一八～三五歳までの朱雀《すざく》隊。三六～四九歳までの青龍《せいりゅう》隊は国境を守り、五〇歳以上の玄武《げんぶ》隊と、一六～一七歳までの白虎隊、さらに、一四～一五歳の幼少隊は、その後備えとする方針をとった。つまり、このときの鶴ケ城には、援軍を頼むといっても、老人と子供しか残っていなかったのだ。

出陣した二〇〇名以上の白虎隊は、苗代街道で会津をめざす新政府軍と遭遇し、一戦をまじえるが、太刀打ちできなかった。あわてて退却したものの、負傷をした者もいて、しだいにバラバラとなった。飯盛山《いいもりやま》の中腹にあった巌島神社までたどりついたのは、わずか二〇人ほどにすぎなかった。

高台から鶴ケ城を見ると、降りしきる雨の中、黒い煙に包まれ、赤く燃え盛っているように見えた。もはや鶴ケ城も落城かと思うといたたまれず、その場で自刃の道を選んだのだった。

その後、容保は、鶴ケ城が新政府軍に包囲されても、籠城して抗戦した。新政府軍が、近くの山上から砲撃したため、城内は死者であふれた。ついには葬《ほうむ》る土地がなくなり、遺体を空井戸に投げ込んだが、それもすぐに一杯になった。

さらに、米沢藩と仙台藩が降伏し、会津藩は孤立無援となる。食糧や弾薬が切れても、徹底抗戦を主張する者が少なくなかったが、籠城から約一か月後の九月二二日、容保は降伏を決意。鶴ケ城の大手門に「降参」と書かれた白旗が掲《かか》げられた。その二日後には庄内《しょうない》藩も降伏して、東北諸藩は新政府軍によって平定された。

この戦争で、会津藩は、婦女子も含めて多くの戦死者が出た。しかし、新政府軍は、戦死者の埋葬《まいそう》をなかなか許可せず、長期にわたって遺体を放置するという冷酷きわまる仕打ちに出た。

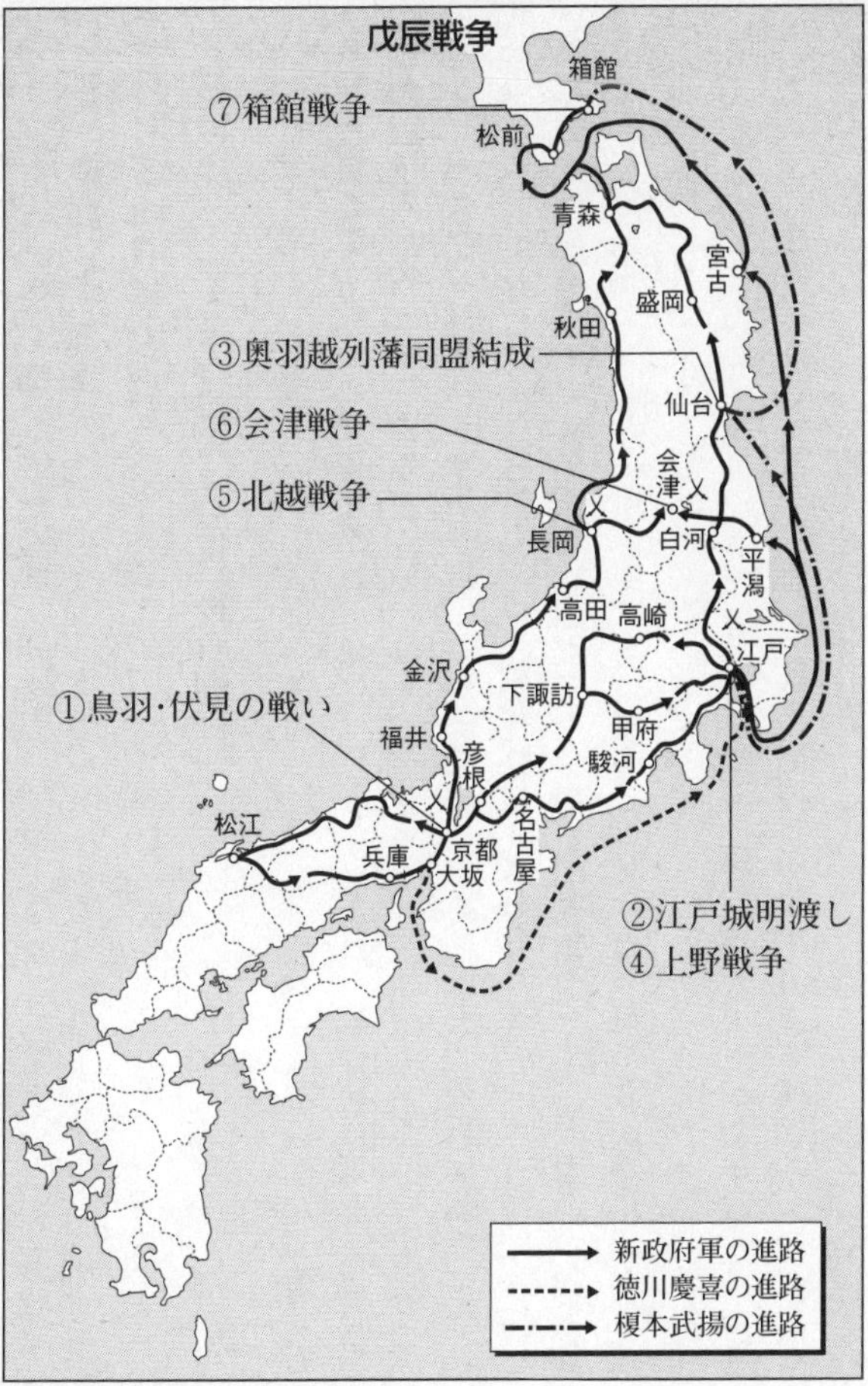
戊辰戦争
箱館
⑦箱館戦争
松前
青森
宮古
盛岡
秋田
③奥羽越列藩同盟結成
仙台
⑥会津戦争
会津
⑤北越戦争
長岡
白河
平潟
高田
高崎
江戸
金沢
下諏訪
①鳥羽·伏見の戦い
甲府
福井
彦根
駿河
松江
京都
名古屋
兵庫
大坂
②江戸城明渡し
④上野戦争
新政府軍の進路
徳川慶喜の進路
榎本武揚の進路

箱館戦争

1869（明治2）年4～5月

新政府軍vs旧幕府軍
五稜郭に立て籠もった榎本武揚最後の抵抗

●蝦夷地開拓をめざした榎本武揚

箱館《はこだて》戦争の主役となる榎本武揚《えのもとたけあき》は、一八六二年（文久二《ぶんきゅう》）～六七年（慶応三）にオランダへ留学。国際法や軍事知識、造船、船舶などを勉強して帰国すると、六八年（慶応四）一月には、江戸幕府の海軍副総裁に任ぜられた。

ところが、幕府はすでに瀕死《ひんし》の状態だった。やがて、鳥羽・伏見の戦いが勃発して、幕府軍は敗退。つづく上野戦争でも敗れると、榎本は、抗戦派の幕臣を引き連れ、幕府艦隊で江戸湾から脱出する。

そんななか、仙台の松島湾に入っていたとき、抗戦派の中心だった会津藩が降伏。そこで、榎本は、一〇月一二日、敗残の同盟軍や、土方歳三《ひじかたとしぞう》率いる新撰組などを収容し、約六〇〇〇人で蝦夷地をめざした。

榎本軍は、二〇日に蝦夷地へ上陸し、二五日には、新政府の出先機関が置かれていた箱館と、北方の防備拠点だった五稜郭《ごりょうかく》を占領した。さらに、松前城を攻略。一二月一五日には、蝦夷共和国の誕生を宣言した。

このとき、榎本は、アメリカの制度にならい、みずからが就任することになった総裁以下、副総裁に松平太郎、陸軍奉行に土方歳三などの政府人事を士官以上の投票によって決定している。さらに、国際法の知識を駆使して、蝦夷共和国を「国際法上の交戦団体(事実上の政府)」であると諸外国に認めさせた。当時の日本人としては、画期的な外交手腕を発揮したのだった。

蝦夷共和国の目的は、あくまで新政府からの独立ではなく、徳川家による蝦夷地開拓だった。とはいっても、新政府がこれを認めるわけがない。新政府は、翌六九年(明治二)三月、追討軍を海と陸から箱館に向けて出発させた。

箱館戦争の火ぶたは、宮古湾《みやこ》(現在の岩手県)で切って落とされた。八隻の新政府艦隊が、宮古湾に寄航するという情報をキャッチした榎本は、回天、蟠竜《ばんりゅう》、高尾の三艦による奇襲攻撃を計画して出撃させた。ところが、暴風雨で二艦が遅れ、三月二五日、回天が単独で突入したが、八隻が相手ではどうにもならなかった。結局、三艦とも退却せざるをえなかった。

四月になると、新政府軍は次々と蝦夷《えぞ》地に上陸。江差《えさし》から箱館へ向かった隊は、二股付近《ふたまた》（現在の大野町）で、一三日〜一九日まで土方歳三が率いる部隊と激戦を繰り広げた。

しかし、一三万余という新政府の大軍の前に、榎本軍は各地で敗退。五月一一日には、青森からの補給を受けた新政府軍が、箱館に海と陸から総攻撃をかけた。

その後、土方らは箱館を再奪回しようと反撃に出るが、新政府軍の迎撃にあって敗退。土方は、関門を抜けて切り込んで行ったが、銃弾を浴びて戦死した。一五日には、海戦を援護していた弁天台地が投降し、一六日には千代ヶ岡砲台が占領された。ここに至って、榎本軍に残された砦は、本営の五稜郭《ごりょうかく》のみとなってしまった。

この五稜郭に新政府軍が迫ると、榎本軍の兵士たちが筏《いかだ》を組み、つぎつぎと堀を渡って逃げていった。それを見た榎本は、城門を開け、脱走を認めたという。

新政府軍も、降伏勧告をおこなった。榎本が辞退すると、新政府軍参謀の黒田清《くろだきよ》隆《たか》は、酒五樽と戦陣の労をねぎらう手紙を届けた。

一方の榎本は、なおも脱走していく兵を見て、ついに降伏を決意。箱館戦争は終結した。これによって、鳥羽・伏見の戦いではじまり一年五か月つづいた戊辰戦争は、新政府軍の勝利で幕を閉じた。

西南戦争

●1877（明治10）年

政府軍vs鹿児島士族
西郷隆盛が率いた下級士族の決死の反乱

●元武士の反乱が相次ぐ

薩摩藩の西郷隆盛は、藩を動かして討幕の立役者となり、維新後も新政府の中心人物となった。ところが、対朝鮮外交で、自分の主張が通らなかったことで、参議と近衛都督《このえととく》を辞任。一八七三年（明治六）一一月、故郷の鹿児島へ帰ってしまった。これが、いわゆる「明治六年の政変」である。

かつては、西郷は征韓論を主張して敗れたとされてきたが、近年では、西郷は単純な征韓論者ではなく、日本との修好条約締結を拒否する李氏《りし》朝鮮に対して、みずから全権大使となって交渉に当たることを主張したという説が有力になっている。

しかし、征韓論を主張する外務省の役人たち、さらに国内の諸改革優先を主張する岩倉具視《ともみ》や大久保利通らとの間で意見が食い違い、最終的に、みずから大使を務めることが受け入れられなかったため、下野《げや》を決意したのだった。

西郷が戻った鹿児島では、西郷に同調した軍人や警官たちが相次いで帰郷し、血気盛んな若者であふれることになった。

西郷が下野して三年目の七六年（明治九）三月、廃刀令が出る。維新後、武士の特権が次々と奪われ、生活が苦しくなっていた全国の下級武士は、武士を象徴する刀まで奪われたことに激怒。熊本で神風連《しんぷうれん》の乱が起きると、福岡で秋月《あきづき》の乱、山口で萩《はぎ》の乱と、元武士の反乱が相次いで起こる。すると、政府は、これらの反乱に西郷が関連していると見て、鹿児島へスパイを送った。

ところが、そのスパイが、私学校の生徒に捕らえられる。激昂《げっこう》した生徒らは、鹿児島にあった政府の弾薬庫を襲う。西郷ももはや若者の血気をおさえることはできず、七七年（明治一〇）二月一五日、ついに西郷は、「尋問《じんもん》したい筋がある」と政府に通告。そして、薩摩隼人を率いて東京をめざすと表明した。西郷のもとには、士族らが次々と集まり、三万余の大軍となり、まず熊本城を攻めることになった。

薩軍は、鹿児島を出て二日後には、熊本に到着している。そして、二二、三日と熊本城に猛攻撃を加えたが、加藤清正《かとうきよまさ》が精根を傾けて築いた名城だけに、なかなか攻略できない。熊本側は、わずか一五〇〇の鎮台兵で死守し、薩軍はやむなく包囲戦に切り替えざるをえなかった。

そのなか、政府軍は、有栖川宮熾仁親王《ありすがわのみやたるひと》を総督として、陸海の大軍を九州へ送る。三月四日から、熊本北方の田原坂《たばるざか》で一七日間の激戦となるが、政府軍が薩軍の背後をつき、薩軍は敗退。田原坂は、政府軍が最新重火器を陸路で鹿児島へ送り込むため、どうしてもおさえなければならないルートでもあった。これをきっかけに、薩軍は各地で敗退。約半年後の九月一日には、鹿児島まで逃げ帰ることになった。

かつては三万を超えた薩軍だったが、そのときはわずか五〇〇名ほどが残るだけだった。政府軍の大軍と最新重火器を前に、もはや西郷らは死を覚悟していた。

西郷が死に場所として選んだのは、鹿児島市街を一望する城山《しろやま》である。九月二三日、西郷は、城山の洞窟《どうくつ》で最後の酒宴を開く。そして、明後日、全員で政府軍に突撃することを決定。ところが、この情報がもれ、一日早い二四日、政府軍が総攻撃を開始した。やがて政府軍は城山に突入して本営に迫る。

洞窟を出た西郷は、数人を従え岩崎谷方面へ向かったが、政府軍の銃弾が、西郷の腹と腿を貫通した。動けなくなった西郷は、別府晋介《べっぷしんすけ》に介錯《かいしゃく》を命じ、五一年の生涯に幕を閉じた。と同時に、士族の反乱としては最大規模の西南戦争は終結。幕末からつづいた国内での一連の内乱に終止符が打たれた。

◉左記の文献等を参考にさせていただきました――
「日本合戦史100話」鈴木亨　「日本の歴史①〜㉒」（以上、中公文庫）／「戦国合戦事典」小和田哲男編著　「異説日本史事典」樋口清之監修（以上、三省堂）／「織田信長合戦全録」谷口克広（中公新書）／「合戦の日本地図」武光誠・合戦研究会（文春新書）／「目からウロコの戦国時代」谷口克広（PHP研究所）／「戦国武将ものしり事典」奈良本辰也監修　「日本の名城・古城もの知り事典」小和田哲男監修　「不思議日本史」南條範夫監修（以上、主婦と生活社）／「戦国時代なるほど事典」川口素生　「忍者の謎」戸部新太郎（以上、PHP文庫）／「日本の歴史・合戦おもしろ話」小和田哲男　「図説幕末・維新おもしろ事典」奈良本辰也監修（以上、三笠書房）／「たべもの戦国史」永山久夫（旺文社文庫）／「戦国ものしり101の考証」稲垣史生（KKロングセラーズ）／「3日でわかる戦国史」武光誠監修・ダイヤモンド社編／「100問100答日本の歴史」歴史教育者協議会編（河出書房新社）／「日本史用語集」全国歴史教育研究協議会編（山川出版社）／「日本の城の謎」井上宗和（祥伝社）／「日本史の謎と素顔」佐治芳彦（日本文芸社）／「日本列島なぞふしぎ旅」山本鉱太郎　「日本の合戦なぜなぜ百貨店」「日本史知ってるつもり」（以上、新人物往来社）／「にっぽん歴史秘話」秋吉茂（河出文庫）

KAWADE
夢文庫

戦と乱から日本史を読むと面白い

二〇〇六年八月一日　初版発行

著者……歴史の謎を探る会[編]
企画・編集……夢の設計社
東京都新宿区山吹町二六一〒162-0801
☎〇三―三二六七―七八五一（編集）
発行者……若森繁男
発行所……河出書房新社
東京都渋谷区千駄ヶ谷二―三二―二〒151-0051
☎〇三―三四〇四―一二〇一（営業）
http://www.kawade.co.jp/
装幀……川上成夫＋千葉いずみ
印刷・製本……中央精版印刷株式会社
組版……株式会社大文社

Printed in Japan ISBN4-309-49621-0
定価はカバーに表示してあります。落丁本・乱丁本はおとりかえいたします。